요한 묵시록 바르게 읽기

THE BOOK OF REVELATION

요한 묵시록 바르게 읽기

허규 지음

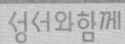

차례

I 읽기 전에 09

01 요한 묵시록은 왜 이해하기 어려울까? _10

02 요한 묵시록에는 어떤 상징들이 나오나? _12

03 요한 묵시록에 나오는 상징은

　　어떻게 이해해야 하나? _26

04 요한 묵시록은 누가 썼나? _28

05 요한 묵시록은 어떤 문학 유형에 속하나? _31

06 묵시문학의 특징은 무엇인가? _35

07 요한 묵시록은 언제 쓰였나? _39

08 도미티아누스 황제와 요한 묵시록 _46

II 본문 읽기 51

01 머리말(1,1-3) _54

02 편지의 서문(1,4-8) _56

03 소명 환시(1,9-20) _59

04 일곱 교회에 보낸 편지(2-3장) _64

05 어좌에 앉은 분, 하느님(4,1-11) _82

06 일곱 번 봉인된 두루마리와 어린양(5,1-14) _88

07 여섯 봉인(6,1-17) _94

08 선택받은 하느님의 백성(7,1-17) _102

09 일곱째 봉인과 여섯 나팔(8,1-9,21) _108

10   천사와 작은 두루마리(10,1-11) _118

11   두 증인과 일곱째 나팔(11,1-19) _121

12   여인과 용(12,1-17) _125

13   두 짐승(12,18-13,18) _132

14   어린양과 그의 백성(14,1-5) _138

15   바빌론에 대한 심판 예고(14,6-20) _141

16   일곱 대접(15,1-16,21) _146

17   바빌론에 내릴 심판(17,1-18) _155

18   바빌론의 패망(18,1-19,10) _163

19　요한 묵시록의 행복 선언 _170

20　그리스도의 재림: 하느님의 기사(19,11-21) _176

21　천 년 통치와 마지막 심판(20,1-15) _193

22　새 창조와 새 예루살렘(21,1-21,27) _200

23　생명수의 강(22,1-5) _206

24　맺음말(22,6-21) _209

III　위로와 희망의 책　215

요한 묵시록

읽기 전에

01

요한 묵시록은 왜 이해하기 어려울까?

성경의 마지막 책인 요한 묵시록은 흔히 '이해하기 어려운' 책으로 불립니다. 그 가장 큰 이유는, 요한 묵시록이 성경의 다른 책들과는 완전히 다른 방식으로 내용을 전달하기 때문입니다. '환시'라는 형태를 통해 하느님과 "예수 그리스도의 계시"(1,1)를 전달하는 요한 묵시록은 그 환시를 묘사하기 위해 많은 상징을 사용합니다. 인간의 언어로 초월적 현실에 대한 계시를 정확하게 담아내는 것이 어렵기 때문에, 요한 묵시록 저자는 비유적 언어와 상징을 사용하여 자기가 본 것을 마치 그림을 그리듯 설명합니다. 그런데 요한 묵시록에 사용된 상징은 이 책이 쓰인 당시의 문화적 배경에서 생겨난 것이므로, 시·공간이 떨어진 다른 문화권에서는 그 의미가 모호하거나 다양할 수 있습니다. 바로 이러한 특징들이 요한 묵시록을 '이해하기 어려운' 책 또는 '읽기 어려운' 책으로 만듭니다.

그래서 예나 지금이나 요한 묵시록을, 현재를 해석하거나 미래를 예언하는 책으로 보는 경우가 많습니다. 일부 상징은 현시대를 해독하는 열쇠로 여기고, 숫자와 함께 나타나는 다양한 표현은 어떤 사람이나 사건을 구체적으로 지시하는 것으로 이해합니다. 그러나 요한 묵시록은 다가올 미래를 예견하거나 종말의 시기를 점치기 위해 쓰인 책이 아닙니다.

02

요한 묵시록에는 어떤 상징들이 나오나?

요한 묵시록의 다양한 상징은 쉽게 찾을 수 있습니다. 그 모든 상징을 일일이 나열하기는 쉽지 않지만, 그 상징들을 분류해 보면 다음과 같습니다.

첫째, 천체 또는 우주와 관련된 상징들입니다. 요한 묵시록에 사용된 천체에 관련된 용어들은 일상적으로 사용하는 실제 의미를 그대로 지니기도 하지만, 상징적으로 쓰여 그 의미가 바뀌기도 합니다. 예를 들어 하늘은 실제로 창공 또는 궁

창을 나타내지만(6,14; 16,21), 요한 묵시록에서는 하느님의 초월을 의미하는 이상적인 장소를 지칭하기도 합니다(3,12; 4,1.2; 5,3.13; 8,1). 별 또한 자연과학적인 의미의 빛나는 물체를 나타내기도 하지만, 다른 한편으로는 구약성경의 창조에 바탕을 두고 하느님의 초월성을 상징하는 것으로 사용되기도 합니다. 종말에 대한 묘사인 하늘이 말려 사라지는 환시와 함께 별이 떨어진다는 표현(6,13)과 용이 하늘의 별을 땅으로 던진다는 표현(12,4)에서 별은 자연과학적인 의미로 해석할 수 있습니다. 하지만 "교회의 천사"(1,20), '구렁을 여는 권한을 가지고 하늘에서 떨어진 별'(9,1) 또는 그리스도를 나타내는 "빛나는 샛별"(22,16)과 같은 표현에 사용되는 별은 충분히 상징적입니다. 자연과학적인 의미와 상징적인 의미가 서로 구분되기는 하지만 요한 묵시록에서 사용되는 '별'이란 표상에는 창조 이야기에 바탕을 둔 고대사회의 세계관이 자리하고 있습니다. 그 외에도 이미 친숙해진 상징적인 표현을 묵시록에서는 그대로 사용하기도 합니다. 그 대표적인 예가 하느님의 현존을 나타내는 '불'과 '연기', 그리고 하느님의 소리를 비유적으로 나타내는 '천둥'과 '번개'입니다. 이러한 비유적인 어법은 구약성경의 다른 책들에서도 찾아볼 수 있습니다(탈출 19,16; 에제 1,13; 시편 29,5; 77,19). 4,5에서는 전통적으로 하느님의 목소리를 비유하는 번개, 천둥과 함께 "요란한 소리"라는 표현도 나오는데, 이것 역시 목소리에 대한 비유입니다(8,5; 11,19; 16,18). 여기서 저자는 하느님의 초월성을 인간의 언어에 담아 상징적으로 나타내는데, 이것은 유다교의 묵시문학 작품들에서도 보이는 공통된 특징 중 하나라 하겠습니다.

천체와 관련된 상징들은 하느님의 초월성을 표현하기도 하지만 묵시록 안에서 종말을 나타내는 상징으로 사용되기도 합니다. 주요 환시를 전하는 4-22장에서 태양은 빛을 잃는 모습으로(6,12; 8,12), 벌을 위한 수단으로(16,8) 묘사되며 새 예루살렘에서는 창조 때의 그 빛을 하느님의 영광이 대신할 것이라고 하기도 합니다(21,23).

둘째, 묵시록에서 천체나 자연과 관련된 상징 외에 가장 많이 발견되는 것은 동물에 관한 상징입니다. 어린양(29회), 생물들(20회), 사자(6회), 짐승(38회), 말(16회), 전갈(3회), 뱀(5회),

새(3회) 그리고 개와 개구리(각각 1회씩)가 사용됩니다. 또한 12장부터 등장하는 용은 3회 사용되었는데, 신약성경에서 용이 등장하는 유일한 예입니다. 동물과 관련된 상징들 역시 실제적 의미와 함께 현실에서 체험할 수 있는 동물이 가진 고유한 특성을 통한 비유적 의미로 사용됩니다. 가령 넷째 봉인으로 인한 재앙에 등장하는 '(들)짐승'(6,8)은 다른 의미나 사실을 나타내지 않고 실제적인 의미 그대로를 나타냅니다. '전갈'(9,5)이나 '사자의 포효'(10,3) 등은 동물이 지니는 고유한 특성을 이야기합니다. 또 상징적인 의미로 사용된 동물들은 주로 의인화擬人化되어 나타납니다. 요한 묵시록에서 그리스도를 나타내는 중요한 상징인 어린양은, 두루마리를 받아 그것을 뗄 수 있는 자격을 갖춘 이로서(5,5.7) 첫 재앙을 실행하며(6,1-2), 진노하거나(6,16) 사람들을 돌보고 이끌기도 합니다(7,17). 어린양은 또한 악의 세력과 싸워 승리하며(17,14) 혼인에서 신랑으로 등장합니다(19,7). 용 역시 의인화되어 하느님의 반대 세력을 나타냅니다(12,4.7). 비록 용이 현실에 존재하는 동물은 아니지만 신화에서 자주 사용되는 표상이라는 점에서 실제 존재하는 동물에 대한 상징과 큰 차이는 없어 보입니다.

셋째, 인간과 관련한 다양한 상징입니다. 인간과 관련된 묘사는 다른 어떤 상징들보다 구체적입니다. 서거나 앉는 동작과 얼굴, 이마, 손, 발, 치아, 머리카락, 목소리처럼 육체에 관련된 표현뿐 아니라, 사랑, 결혼 그리고 임신이나 출산에 관한 표현도 나옵니다. 더 나아가 인간의 노동에 대한 언급이나 물건을 사고파는 행위에 대한 언급들은 저자가 독자들에게 친숙한 환경을 소재로 삼고 있음을 보여 줍니다.

요한 묵시록에서 '옷'은 그리스어로 긴 옷을 뜻하는 '히마티온'입니다. 이 단어는 복수 형태로 "자기 옷을 더럽히지 않은 사람"(3,4)이나 '깨어 있어 자기 옷을 간직하는 사람'(16,15)이라는 구절에 사용되었고, 그리스도의 재림을 나타내는 '흰 말을 탄 기사'의 표상에도 이 용어가 사용됩니다(19,13.16). 천사는 구름을 입고 있으며(10,1) 여인으로 표상된 바빌론은 "자주색과 진홍색 옷을 입고"(17,4) 있습니다. 또 어린양의 신부는 "고운 아마포 옷을 입는 특권"(19,8)을 받은 것으로 묘사됩니다. 이런 관점에서 보면 '의복'이나 '입는다'는 표현들은 단순히 몸을 가리는 물건으로서의 옷을 의미하기보다 상징적인 의미를 지닌다고 볼 수 있습니다. 옷은 구약성경에서도, 그리고 현대 사회에서도 개인의 직분이나 역할을 나타내는 상징적인 의미를 가지는데, 요한 묵시록에서도 마찬가지입니다. 그렇기에 개인이나 집단의 의복과 관련된 상징적 표현들은 역사적인 배경과 당시 상황, 그리고 의복을 입은 이들의 기능이나 역할을 함축적으로 나타낸다고 하겠습니다.

넷째, 색에 관한 상징입니다. 회화적인 특징을 갖는 요한 묵시록에서 색은 중요한 요소입니다. 묵시록에서 가장 많이 사용된 색은 '흰색'입니다. 흰색은 신약성경에서 24회 사용되었는데 그중에 15회가 요한 묵시록에 나옵니다. 그 외에도 붉은색(2회), 자주색(4회), 녹색(3회) 등이 자주 나옵니다.

색을 가장 잘 표현하고 있는 대목은 묵시적인 기사들에 대해 묘사하는 6,1-8입니다. 처음 네 개의 봉인에 대한 환시에서 등장하는 기사들의 기능과 역할은 먼저 그들이 타고 있는 말의 색에 의해 상징적으로 드러나고, 그 뒤에 구체적인 설명이 이어집니다. 첫째 말은 흰색입니다. '희다'라는 형용사는 신약성경에서 빛남이나 찬란함을 나타냅니다(마태 17,2; 마르 9,3; 루카 9,29). 물론 모든 흰색이 상징적인 의미를 갖는 것은 아니지만 요한 묵시록에서 흰색이 신적인 영역이나 신적인 행위와 관련될 때, 그것은 천상적인 존재 또는 초월성을 상징합니다(마태 28,3; 마르 16,5; 요한 20,12 참조). 일곱 교회에 보낸 편지에 나오는 흰색은 그리스도와의 밀접한 관계(3,4)나 그에게 속해 있음을 나타내는 표상으로 사용됩니다. 특히 "승리하는 사람은 이처럼 흰옷을 입을 것이다"(3,5)라는 표현은 그리스도의 승리에 함께 참여하는 상징으로(6,11; 7,9.13; 19,14), 색을 통해 새로운 존재로 변화된다는 것을 의미합니다(2,17). 두 번째 말은 붉은색입니다. 붉은색은 용에게도 사용되었는데(12,3) 피와 관련되어 있으며 잔인함, 곧 인간의 생명을 앗아간다는 의미를 지닙니다. 이 말에 대한 설명은 붉은색이 지니는 상징적 의미를 명확하게 밝혀 줍니다(6,4). 셋째 봉인과 함께 나타나는 검은색은 해가 검게 되는 기이한 자연현상을 통해 종말을 나타내며(6,12) 부정적인 의미를 지닙니다. 넷째 봉인에서 등장하는 말은 녹색으로 요한 묵시록에서 자연의 색을 나타내기도 하지만(8,7; 9,4) 여기서 사용된 녹색은 '죽음'과 관련이 있습니다.

이처럼 색을 통한 상징은 단편적인 서술보다는 구체적인

묘사를 할 때 많이 사용되는데, 환시를 통해 주어지는 계시의 내용을 독자들에게 보다 생생히 전달하는 데 매우 중요한 역할을 합니다.

마지막으로 숫자 상징입니다. 우리가 잘 아는 13,18의 "육백육십육"이 대표적 예입니다. 이 숫자는 당시의 사람들이 즐겨 사용하던 방법과 관련이 있는데, 알파벳이 가진 그 유한 값으로 의미를 전달하는 것입니다. 666은 네로 황제의 이름(Neron Cesar)의 각 철자가 지닌 고유한 값을 더한 형태입니다.

• **숫자 3** 성경에서 숫자 3은 7과 함께 신적인 것을 가리킬 때 자주 사용됩니다. 이러한 배경에는, 실재하는 것들을 셋으로 나눌 수 있다는 생각이 자리하고 있습니다. 시간적으로는 '과거-현재-미래'가 있고, 공간적으로는 '위(앞)-여기-아래(뒤)'가 있으며, 과정에서는 '시작-중간-마침'이 있습니다. 사람들은 이렇게 셋으로 구분되는 현상들을 통해 3을 완성과 관련된 것으로 이해하고 그것을 완전한 존재인 신의 속성에 적용했던 것으로 볼 수 있습니다. 이런 용례를 성경 안에서도 어렵지 않게 찾을 수 있으며(탈출 23,14; 다니 6.11), 예수의 사

훗날 부활 역시 이러한 관점에서 이해할 수 있습니다(마르 8,31; 14,58; 15,29; 마태 16,21; 루카 9,22 참조).

요한 묵시록에서도 3은 하느님과 그리스도를 표현하는 형식에 사용됩니다. "지금도 계시고 전에도 계셨으며 또 앞으로 오실 분"(1,4.8), "거룩하시다, 거룩하시다, 거룩하시다, 전능하신 주 하느님, 전에도 계셨고 지금도 계시며 또 앞으로 오실 분!"(4,8), "처음이며 마지막이고 죽었다가 살아난 이"(2,8). "나는 알파이며 오메가이고 처음이며 마지막이고 시작이며 마침이다"(22,13).

• **숫자 4** 숫자 4는 의심의 여지없이 지상의 네 방위, 곧 동서남북과 관련된 것으로서, 총체적이며 전 세계적인 전망에서 이해할 수 있습니다(7,1; 20,8 참조). 성경에서도 역시 이와 같은 상징적 의미로 4를 사용합니다(이사 11,12; 예레 15,3; 49,36; 에제 14,21; 즈카 2,1-2). "모든 종족과 언어와 백성과 민족 가운데에서"(5,9)라는 표현은 땅의 '모든' 사람들을 가리키는, 네 겹으로 된 표현형식으로 이와 비슷한 예가 요한 묵시록에는 여러 번 나옵니다(7,9; 10,11; 11,9; 13,7; 14,6; 17,15). 또한 "하늘과 땅 위와 땅 아래와 바다에 있는 모든 피조

물"(5,13)이란 표현은 4의 상징적인 의미 안에서 하느님의 '모든' 창조물을 나타냅니다. 이 창조물들의 찬양 역시 네 겹으로 이루어집니다. "찬미와 영예와 영광과 권세가 영원무궁하기를 빕니다."

• **숫자 7** 신약성경에서 숫자 7은 88회 사용되는데 그중 55번이 요한 묵시록에 나옵니다(1,20; 5,6; 12,3; 17,3 등 참조). 요한 묵시록에 사용된 숫자 7이 모두 상징적인 의미를 갖는 것은 아니고, 일부는 실제적인 의미를 갖습니다(17,9). 숫자 7은 일반적으로 성경에서 완전함, 충만함 등을 상징합니다. 숫자 7에 대해서 신을 상징하는 숫자 3과 땅을 상징하는 숫자 4의 조합으로 보기도 하고 천문학적인 근거에서 온 것으로 생각하기도 하지만, 직접적으로 세상 창조에 근거한 하느님 업적의 완전함을 상징하는 것으로 이해하기도 합니다. 근거가 어디에 있는지를 떠나 숫자 7은 분명 완전함이나 충만함을 나타내는 상징적인 의미로 성경에서 사용됩니다.

특히 7은 요한 묵시록 전체의 구조에서도 잘 드러납니다. 일곱 교회, 일곱 봉인, 일곱 나팔, 일곱 대접의 흐름으로 구성된 요한 묵시록에서 7은 매우 중요합니다. 구조적인 측면만이 아니라 내용에서도 7은 중요한 역할을 합니다. 요한 묵시록에는 '행복 선언'이 일곱 번 나오는데(1,3; 14,13; 16,15; 19,9; 20,6; 22,7.14), 우연이라고 생각하기보다는 숫자 7과 관련된 것으로 보는 것이 적절합니다. 또한 어린양에 대한 찬양에 있어서도 일곱 겹의 형태를 찾을 수 있습니다. "살해된 어린양은 권능과 부와 지혜와 힘과 영예와 영광과 찬미를 받기에 합당하십니다"(5,12). 유사한 형태의 찬양은 7,12에서 하느님께도 동일하게 적용됩니다. "우리 하느님께 찬미와 영광과 지혜와 감사와 영예와 권능과 힘이 영원무궁하기를 빕니다." 이외에 요한 묵시록에서는 땅의 모든 주민을, 곧 전체를 나타낼 때에도 7의 규칙이 사용됩니다(6,15). 개별적인 표현에서도 7은 교회 전체를 일컫는 일곱 교회와 일곱 영(1,4), 그리고 전능함의 상징으로 표현되는 일곱 눈을 가진 어린양(5,6)에 사용됩니다.

• **숫자 3과 1/2** 묵시록에서 사용되는 숫자 상징 중에 3과 1/2에 해당하는 표현들은 7과 비교하여 완전하지 못하다는 의미를 나타냅니다. 11,2과 13,5의 "마흔두 달"은 3년 반과 동일하며 거룩한 도성이 침탈당하는 시간을 가리킵니다. '두

증인'의 활동 기간인 1,260일, 즉 3년 반은 불완전한 시간, 곧 지나가고 끝나게 될 시간을 나타내지만, 여기서 강조되는 것은 그 고통의 시간에 두 증인을 통해 이루어지는 하느님의 활동입니다. 마찬가지로 12,6에서 여인은 악의 세력을 피해 달아나지만, 1,260일 동안 하느님의 보호 안에 머물게 됩니다. 요한 묵시록에서 사용하는 3과 1/2은 하느님 백성이 고통받는 일시적인 기간을 나타내는 상징으로, 완전하지 못한 상태를 의미합니다. 하지만 요한 묵시록은 그 숫자가 하느님 백성이 참고 견뎌내야 하는 시간일 뿐만 아니라, 하느님께서 당신 백성을 돕고 보호하시는 시간이라는 사실도 함께 강조합니다. 이런 점에서 3과 1/2은 요한 묵시록 저자의 고유한 신학을 잘 드러냅니다.

• **숫자 12** 성경에서 열둘은 야곱의 열두 아들에서 유래하는 이스라엘의 열두 지파를 의미하며, 하느님 백성 전체를 나타냅니다. 그리고 이 표상은 신약성경의 열두 제자 또는 사도들에게 적용되어 전체를 완성한다는 상징으로 사용됩니다.

요한 묵시록에서 열둘이 가장 많이 사용되는 것은 '새 예루살렘'에 관한 환시입니다. 거룩한 예루살렘에는 열두 성문이 있고, 그 성문에는 열두 천사가 지키고 있으며, 거기에는 열두 지파의 이름이 새겨져 있습니다(21,12). 또한 천상 도성의 성벽에는 열두 초석이 있는데, 그 위에는 열두 사도의 이름이 새겨져 있습니다(21,14). 거룩한 도성은 재림과 심판 뒤에 올 새로운 창조를 표상합니다. 그리고 거룩한 도성의 환시에 대한 묘사는 완전과 완성을 나타내는 상징들로 가득 차 있습니다. 화려함(보석들)과 완전함(정육면체)은 열둘이라는 완성을 나타내는 상징들과 함께 이상적인 도성을 표현하는 역할을 합니다.

열둘에 관한 상징은 두 번에 걸쳐 표현되는 '십사만 사천'에서도 잘 드러납니다(7,4-8; 14,1-3). 144,000은 완성의 의미를 지니는 12의 배수에 1,000을 곱한 형태로 이해할 수 있습니다($12 \times 12 \times 1,000$). 그 의미에 대해서는 이스라엘의 열두 지파와 각 지파의 완전함을 나타내는 것으로 이해하거나 새로운 도성 예루살렘에서 표현되는 이스라엘의 열두 지파와 열두 사도를 나타내는 숫자로 이해하기도 합니다(21,12-14). 요한 묵시록에서 '십사만 사천'은 하느님 백성 전체를 나타내는 상징으로 보입니다. 이 숫자는 선택된 일부 사람들만 가리키는 것이 아니라, 성경에서 언급되는 하느님 백성 전체를 종말론적 관점에서 표현한다고 보는 것이 적절합니다.

03

요한 묵시록에 나오는 상징은 어떻게 이해해야 하나?

물론 지금까지 본 상징처럼 하나의 표현이 지시하거나 상징하는 것이 있지만, 그것에만 관심을 두면 요한 묵시록을 오해하기 쉽습니다. 상징은 요한 묵시록의 전체 맥락에서 바라보는 것이 필요합니다. 요한 묵시록에 많이 쓰인 상징적 표현은 대부분 구약성경에도 나오는 것들입니다. 요한 묵시록은 환시를 잘 표현하기 위해 구약성경과 유다교에서 사용하던 상징을 이용하지만, 전혀 새로운 환시를 우리에게 전해 줍니다. 개별 표현은 낯설지 않지만 그 표현이 모여 이루어진 환시를 성경에서 찾기는 어렵습니다. 그래서 사람들은 요한 묵시록이 전하는 환시의 특징을 '모자이크식 환시'라고 부르기도 합니다.

요한 묵시록은 계시의 내용이나 신학을 논리적이고 개념적인 언어로 설명하지 않습니다. 그보다는 환시, 즉 눈앞에 펼쳐지는 장면을 마치 그림을 그리듯 묘사하는 방식으로 전해 줍니다. 이러한 요한 묵시록의 '회화적' 특징은 신약성경의 다른 책들에서는 접하지 못한 것이기에 낯설고 이해하기 어려울 수 있습니다. 하지만 글을 읽으면서도 마치 그림을 보듯 환시에 접근한다면 요한 묵시록을 새롭게 이해할 수 있을 것입니다.

04

요한 묵시록은 누가 썼나?

 교회는 전통적으로 요한 묵시록의 저자를 사도 요한이라고 여겼습니다. 유스티노, 클레멘스, 이레네오 등 많은 교부가 열두 제자 가운데 한 명인 제베대오의 아들 요한(마르 1,19)이 요한 복음과 요한 묵시록의 저자라고 밝힙니다. 이러한 의견은 두 가지 사실을 근거로 제시합니다.

 첫 번째 근거는, 요한 묵시록의 저자가 자신을 "요한"(1,1.4.9; 22,8)이라고 스스로 밝힌다는 사실입니다. 저자는 자신을 "당신 종 요한"(1,1)이라고 소개하며, 나아가 환난에 함께하는 형제로서 '하느님의 말씀과 예수님에 대한 증언 때문에 파트모스 섬에 갇혀 있다'(1,9)고 말합니다. 다른 근거는 요한 복음과 요한 묵시록이 공통된 사상을 보인다는 점입니다. 두 작품은 모두 '생명의 물'이라는 주제를 다루고 있으며(요한 4장; 묵시 7,17; 22,1-17 참조), 예수 그리스도가 '하느님의 말씀'임을 강조하고(요한 1,1; 묵시 19,13 참조), '어린양'을 중심 주제로 삼습니다. 요한 복음과 요한 묵시록은 예수 그리스도를 나타내는 상징으로 '어린양'을 사용합니다(요한 1,29.36; 묵시 5,6-8). 이 모든 내용은 요한 묵시록과 요한 복음의 저자가 동일한 인물, 곧 사도 요한일 것이라고 추측할 수 있게 합니다.

그런데 현대 학자들은 이런 전통적 의견과 달리, 요한 복음서와 요한 묵시록의 저자가 동일인이 아닐 것이라고 생각합니다. 왜냐하면 사상에서는 공통점이 있지만 다른 면에서는 차이점도 있기 때문입니다. 우선, 언어에서 차이점을 보입니다. 우리말에서는 큰 차이가 드러나지 않지만 그리스어에서는 차이가 두드러집니다. 요한 묵시록의 그리스어는 히브리어의 특성이 많이 나타나기 때문에, 학자들은 그것을 '셈족화된 그리스어'라고 부릅니다. 가장 중요한 차이점은 '육화(肉化)'

에 대한 부분입니다. 요한 복음은 그리스도께서 사람이 되셨다는 사실을 강조하고, 이 '육화'를 다른 모든 그리스도론의 기초로 삼습니다. 하지만 요한 묵시록에는 육화에 대한 언급이 없습니다.

요한 묵시록 저자는 (순회) 예언자 중 한 사람으로 원래 팔레스티나 지역에서 살다가, 유다 전쟁(66-73년) 후 소아시아 지방으로 이주한 유다인이었을 것입니다. 그는 자신이 언급한 대로 믿음 때문에 박해를 받아 유배를 가게 된 것으로 보입니다.

05

요한 묵시록은 어떤 문학 유형에 속하나?

다음으로, 요한 묵시록이 어떤 종류의 책인지, 즉 어떤 문학 유형에 속하는지를 살펴볼 필요가 있습니다. 우리가 읽는 요한 묵시록 본문이 어떤 틀에 담겨 전해졌는지를 알아보는 것입니다. 문학 유형이나 본문 형태는 본문이 생겨난 배경과 깊은 관련이 있습니다.

  가장 먼저 생각해 볼 수 있는 것은, 요한 묵시록이 편지 성격을 지닌다는 사실입니다. 요한 묵시록의 시작(1,4-5)과 마침(22,21)은 신약성경 서간들에서 볼 수 있는 형식입니다. 이 내용에 따르면 요한 묵시록은 "요한"이 "아시아에 있는 일곱 교회"에 보낸 편지입니다. 구체적으로 2-3장은 짧은 형태이기는 하지만 일곱 교회에 보낸 편지를 전합니다. 일부 학자들은 서간 형식으로 된 시작과 마침이 후대에 첨가되었을 것이라고 주장하지만 확실한 근거는 부족합니다. 그러므로 요한 묵시록 전체를 편지라고 말하기에는 어려움이 있습니다. 신의 계시를 서간 형태에 담아 전하는 것이 당시에 낯선 것이 아니었고, 바오로 사도가 선교 활동을 했던 소아시아 지방을 중심으로 한 책이라는 점에서 바오로 사도의 영향을 받았다고 생각할 수는 있습니다. 그러나 요한 묵시록이 서간 형태로 시작하고 마친다는 사실만으로 요한 묵시록 전체의 형식을 규정짓는 것은 무리가 있습니다.

두 번째 가능성은 요한 묵시록을 예언서로 보는 것입니다. 저자는 분명 자신이 기록한 내용을 "머지않아 반드시 일어날 일"(1,1; 22,6)로 생각하고 "예언의 말씀"(1,3)이나 "예언의 책"(22,19)으로 소개합니다. 이런 내용이 천사의 입을 통해서도 표현됩니다(22,7.10.18.19 참조). 이 구절들은 저자가 자신을 예언자처럼 생각했다는 것을 분명히 보여 줍니다. 어떤 내용을 전하는 것이 예언서인지 한마디로 말하기는 어렵지만, 예언은 '죄에서 돌아오라는 경고'와 그것을 넘어서는 하느님 '구원의 선포'를 동시에 포함합니다. 이런 관점에서 본다면 요한 묵시록 역시 예언의 특성을 충족시킨다고 할 수 있습니다. 요한 묵시록의 핵심 내용 역시 회개를 권고하고 궁극적인 하느님의 구원을 전하기 때문입니다. 하지만 이런 사실만으로 요한 묵시록을 예언서로 보기에는 어려움이 있습니다. 구약의 일반적인 예언의 전통을 따르지만 다른 예언서와는 비교되는 독특한 특징들이 발견되며, 특히 말씀을 중심으로 한 예언과 비교할 때 시각적인 환시가 대부분을 차지하기 때문입니다.

여기서 한 가지 더 생각해 볼 것은 요한 묵시록이 지닌 특징들이 '묵시문학'이라는 문학 유형에 속한다는 점입니다. 묵시문학에 속하는 작품들은 대부분 환시를 사용하고 초월적 세상과 현실 세상을 구분하며, 종말을 심판이나 전쟁의 이미지로 표현하는 특징을 갖습니다. 이런 특징들이 요한 묵시록을 성경의 다른 책들과 분명히 구분시킵니다. 물론 성경에는 부분적으로 이런 특징을 보이는 책들도 일부 있지만 책 전체가 이런 특징을 지닌 경우는 드뭅니다. 이런 이유로 구약성경의 일부 외경外經 가운데 책 전체가 이런 특징을 가지는 것을 '묵시문학'이라고 부릅니다. 묵시문학의 두드러진 특징 중 하나가 바로 '차명성'입니다. 대부분의 묵시문학 작품 저자는 본문에서 자신을 누구라고 표현하지만, 사실은 다른 사람의 이름을 빌려 사용한다는 점입니다. 요한 묵시록의 경우, 저자가 '요한'으로 되어 있는데 이것 역시 당시의 명망 있는 사람의 이름을 빌려 사용하고 있다는 것입니다. 그러므로 현대 학자들은 요한 묵시록의 저자가 요한 복음서의 저자와 같지 않으며, 요한이 아닌 익명의 예언자일 것이라고 생각합니다.

이처럼 요한 묵시록 본문은 다양한 형태를 보여 줍니다. 편지 형식, 예언서와 묵시문학의 특징이 모두 요한 묵시록에 들어 있습니다. 요한 묵시록의 가장 두드러진 특징이 묵시문학 형식인 것은 분명합니다. 그러나 위에서 언급한 다른 특징들도 간과할 수 없기에, 일부 학자들은 요한 묵시록이 일차적으로는 묵시문학의 특징을 지니면서, 동시에 편지와 예언서의 특징도 담고 있다고 말합니다.

06

묵시문학의 특징은 무엇인가?

요한 묵시록이 묵시문학의 특징을 지녔다면, 그것에 대해 좀 더 자세히 알아볼 필요가 있습니다. 사실, 성경에서 찾을 수 있는 묵시문학의 특징은 한마디로 표현하기 어렵습니다. 우선 성경에 묵시문학이라고 부를 수 있는 책이 적을 뿐 아니라, 학자들마다 묵시문학에 대한 정의를 조금씩 다르게 내리기 때문입니다. 성경과 구약성경의 외경에서 묵시문학에 속하는 책들이 지닌 공통점을 살펴보면 다음과 같습니다.

우선 묵시문학 작품들은 환시를 통해 계시의 내용을 전합니다. 환시는 말씀을 동반하지만 시각적인 면에 초점이 맞추어져 있습니다. 눈으로 본 것을 글로 옮기기 위해 상징적인 언어를 사용합니다. 다양한 비유와 상징은 환시를 통해 보고 들은 것을 전달하는 데 효과적입니다. 그렇기에 묵시문학에 속하는 책들은 다양한 상징 언어를 사용하여 환시를 전달합니다.

또한 묵시문학은 이원론적인 세계관을 가지고 있습니다. 두 개의 서로 다른 세상을 대비시키는 것은 묵시문학의 특징 중 하나라 할 수 있습니다. 묵시문학은 공통적으로 두 세상의 갈등을 보여 줍니다. 공간적으로는 초월적인 세상과 현실 세계를 구분하며, 시간적으로는 지금 세상과 앞으로 오게 될 세상을 구분합니다. 궁극적으로 묵시문학의 세계는 하느님과 악의 세력의 대립을 보여 줍니다. 이런 대립 구도에서 현재 세계는 악의 세력에 의해 지배를 받고 있지만, 하느님께서 그 악을 없애기 위해 오실 것이고 그러면 새로운 세상이 열릴 것임을 강조합니다.

이러한 세계관과 관련하여 드러나는 또 하나의 특징은, 묵시문학이 종말의 구원에 초점을 맞추고 있다는 사실입니다.

이원론적인 세계관은 지금의 세상이 사라진 후 곧 오게 될 새로운 세상을 강조합니다. 종말은 현재 세상의 마지막이면서 새로운 세상의 시작입니다. 묵시문학은 고통스런 시간인 이 종말을 전쟁이나 심판의 이미지로 묘사합니다. 하느님과 악의 세력 간의 전쟁 또는 하느님의 심판은 종말의 의미를 잘 드러냅니다. 하느님의 정의와 힘이 드러나는 두려운 시간이지만, 그것은 마지막이 아닌 새로운 세상의 시작을 위한 시간입니다. 그것이 바로 종말입니다. 묵시문학은 이 종말을 가장 큰 주제로 삼습니다.

마지막으로 묵시문학이 공통적으로 지니는 특징은 차명성입니다. 본문에서 환시를 전하는 주체가 누구인지 밝히고 있지만, 그 인물이 실제 저자는 아닙니다. 차명 또는 가명의 저자를 내세우는 것은 묵시문학이 선호하는 방식으로서, 전달하는 환시 내용이 권위 있고 믿을 만한 것임을 보여 주는 데 효과적입니다. 묵시문학뿐 아니라 성경 전반에서 차명의 저자를 내세우는 것은 흔한 일입니다. 과거의 유명한 인물이나 예언자들의 이름을 빌려 책의 저자로 삼는 것은 실제 저자가 전하는 내용의 정당성과 권위를 인정받기에 좋은 방법이기 때문입니다.

    요한 묵시록에서도 이 모든 특징을 발견할 수 있습니다. 그러므로 환시를 묘사하는 이야기 틀 안에서 종말론적인 구원을 강조하며 전달하는 요한 묵시록은 묵시문학에 속하는 책입니다.

07

요한 묵시록은 언제 쓰였나?

일반적으로 성경의 저술 시기를 추정할 때는, 성경 본문에서 찾을 수 있는 내용(내적 증거)과 그 책에 대해 언급하는 다른 자료(외적 증거)를 근거로 삼습니다. 요한 묵시록 역시 이 두 가지 근거를 통해 저술 시기를 추정해 볼 수 있습니다.

스미르나 공동체에 써 보낸 편지에서 저자는 감옥에 갇혀 있는 상황을 이야기하고 죽음에 이를 수도 있다고 언급합니다(2,10). 이런 시대적 배경은 소아시아의 첫 순교자로 추정되는 안티파스의 죽음을 통해서도 확인할 수 있습니다(2,13). 이것은 저자와 소아시아의 신앙인들이 박해 상황에 놓여 있었다는 것을 잘 보여 줍니다. 13장에 나오는 상징적인 내용들을 본다면, 박해 상황은 당시 정치 세력에 의해 일어난 것입니다(13,3-8). 좀 더 구체적으로 말하면, 요한 묵시록에 나오는 박해는 황제 숭배를 강요하는 로마 황제와 그것을 받아들일 수 없는 소아시아의 신앙인들 사이의 갈등에서 비롯된 것입니다. 그렇다면 요한 묵시록이 말하는 박해는 어느 황제 때의 일인지 찾아볼 필요가 있습니다.

외적 증거들

가장 먼저 살펴볼 수 있는 것은 요한 묵시록에 대해 언급하는 초대 교부들의 기록입니다. 이레네오 교부(대략 135-200년)는 자신의 저서인 《이단 반박》에서, 요한 묵시록의 저자인 요한이 트라야누스 황제(98-117년 재위) 시기까지 살았으며 도미티아누스 황제(81-96년 재위) 시기에 요한 묵시록이 기록되었다고 전합니다. 이런 증언은 에우세비우스의 《교회사》에서도 찾을 수 있습니다. 그에 따르면 도미티아누스 황제는 그리스도인들을 미워하고 박해하였고, 이런 이유 때문에 사람들은 도미티아누스 황제를 네로 황제(54-68년 재위)의 후계자로 생각하였습니다. 더 나아가 에우세비우스는 저자인 요한이 도미티아누스 다음 황제인 네르바 황제(96-98년 재위) 때에 파트모스 섬의 유배를 끝내고 돌아왔다고 말합니다. 이런 교부들의 주장에 따르면 요한 묵시록은 도미티아누스 황제 임기 말, 곧 95년 즈음 기록되었습니다. 이러한 내용은 소小플리니우스와 트라야누스 황제 사이에 오간 편지를 통해서도 확인할 수 있습니다.

플리니우스는 소아시아 지방의 관료로서 2세기 초반 트라야누스 황제에게 여러 행정과 절차를 묻는 서신을 보냅니다. 그 서신에서 그리스도인들에 관한 대목을 찾을 수 있습니다. 플리니우스는 새 황제인 트라야누스에게 보내는 서신에서 그리스도인들의 처벌 문제에 대해 논의합니다. 이 편지에 따르면 당시 소아시아 지방에는 짧게는 3년, 길게는 20년 동안 그리스도인들이 살고 있었습니다. 플리니우스는 편지에서, 신앙을 포기하지 않고 황제 숭배 의식에 호의적이지 않은 소아시아 지방의 그리스도인들을 어떤 방식으로 처리하면 좋을지를 묻습니다. 이에 황제는, 적당한 법적 절차에 따라 그리스도인들이 신앙을 포기하고 황제 숭배 의식에 따르면 그들을 풀어 주라는 칙서를 보냅니다. 이 칙서의 내용으로 보아, 이전까지는 합당한 절차 없이 그리스도인들에 대한 박해가 이루어졌음을 추측할 수 있습니다. 이런 일련의 사건들을 종합해 보면 교부들이 추정하는 요한 묵시록의 저술 연대가 상당히 개연성이 있다는 것을 알 수 있습니다.

내적 증거들

외부 문서만이 아니라 요한 묵시록 본문에서도 이 책이 쓰인 시기를 추정할 수 있는 흔적들을 찾을 수 있습니다. 가장 먼저 생각해 볼 수 있는 본문은 11,1-2입니다.

> "일어나 하느님의 성전과 제단을 재고 성전 안에서 예배하는 이들을 세어라. 성전 바깥뜰은 재지 말고 내버려 두어라. 그것은 이민족들에게 주어진 것이다. 그들이 거룩한 도성을 마흔두 달 동안 짓밟을 것이다."

이 본문을 순수한 예언으로 받아들인다면 요한 묵시록이 기록된 시기는 실제로 로마에 의해 예루살렘 성전이 파괴된 70년 이전이 될 것입니다. 하지만 이것을 '이미 일어난 역사적 사실에 대한 예언'으로 생각한다면 요한 묵시록은 70년 성전 파괴 이후에 기록되었을 것입니다. 오늘날 많은 학자는 이 본문이 성전 파괴를 경험한 이후에 쓰였을 가능성이 크다고 봅니다. 특히 11,8과 11,13의 내용이 상당히 구체적이고 마치 실제 상황을 그대로 묘사하는 것처럼 보이기 때문입니다. 예언 형식으로 표현되지만 상황 묘사가 마치 사건을 경험한 사람의 회상처럼 구체적인 경우, 문맥의 여러 특성과 전체적인 내용을 고려해서 이것이 실제 예언인지 아닌지를 판단합니다. 요한 묵시록의 경우도, 환시를 통해 계시를 전하는 책이라는 점에서 이미 성전 파괴를 겪은 후에 그 경험을 묘사했을 것이라 생각하고, 그렇다면 요한 묵시록은 70년 이후가 되어서야 쓰였을 것이라 주장하는 학자들이 있습니다.

로마에 의한 성전 파괴와 함께 살펴보아야 할 것은, '바빌론'이라는 표현입니다(14,8; 16,19; 17,5; 18,2.10.21). 요한 묵시록에 쓰인 바빌론이란 표현은 책의 내용을 감안하면 의심의 여지없이 로마를 지칭하는 상징적 용어입니다. 로마의 성전 파괴를 기원전 6세기에 일어났던 바빌론의 예루살렘 성전 파괴와 같은 선상에서 이해하고, 로마를 바빌론의 후계자로 생각한 것입니다. 당시 사람들은 로마에 의한 성전 파괴를 경험한 이후, 역사 속 또 다른 성전 파괴를 떠올렸을 것이고, 서로 다른 시기에 벌어진 '성전 파괴' 사건을 통해 '로마'와 '바빌론'을 상징적으로 연결시켰던 것으로 보입니다.

또 한 가지 생각할 것은 '열두 사도'라는 표현입니다.

> "그 도성의 성벽에는 열두 초석이 있는데, 그 위에는 어린양의 열두 사도 이름이 하나씩 적혀 있었습니다"(21,14).

종말 이후 새 예루살렘을 묘사하는 데 사용된 이 표현 역시 요한 묵시록이 쓰인 연대를 추정하는 근거가 됩니다. 왜냐하면 '열두 사도'라는 표현은 80년 이후에 사용되기 시작한, 예수님의 제자들을 일컫는 용어이기 때문입니다. 실제로 복음서에서 마태 10,2을 제외하고 제자들을 일컫는 용어는 '열둘'

또는 '열두 제자'입니다. 이 '열두 사도'라는 용어는 예수의 부활 이후, 복음서들이 기록되기 시작하면서 특별히 예수님의 제자들을 가리키기 위해 사용되다가 정착되었을 것입니다.

 이처럼 요한 묵시록 본문에서 찾을 수 있는 근거들을 통해, 이 책이 아무리 빨라도 70년 이전에 쓰였다고 보기는 어려우며, 적어도 80년 이후에 쓰였을 것으로 추정할 수 있습니다. 조금 더 구체적인 연대는 본문에서 말하는 특정한 시기를 통해 알 수 있습니다.

08

도미티아누스 황제와 요한 묵시록

요한 묵시록은 분명히 박해 상황을 배경으로 삼습니다. 이미 소아시아 공동체에서는 박해로 인해 순교자가 생겨났다고 말합니다(2,13 참조). 그렇다면 요한 묵시록은 언제 쓰였을까요?

17,9은 탕녀 바빌론에 대해 다음과 같이 표현합니다. "일곱 머리는 그 여자가 타고 앉은 일곱 산이며 또 일곱 임금이다." 여기서 말하는 일곱 산은 로마시를 생각하게 합니다. 로마는 본래 역사적으로 일곱 언덕에 살던 사람들을 중심으로 이루어진 도시이기 때문입니다. 일곱 임금이 누구인지 명확

하게 알기는 어렵지만 요한 묵시록은 로마 제국의 그리스도교 박해를 배경으로 합니다. 앞에서 살펴본 것처럼, '바빌론'이나 '열두 사도'라는 용어를 염두에 둔다면, 요한 묵시록은 80년 이후에 쓰였을 것으로 보입니다.

이 모든 내용을 만족시키는 것이 도미티아누스 황제(81-96년 재위)의 통치 시기입니다. 로마 제국은 시작부터 황제를 신격화하려 했습니다. 황제들은 재임 기간에 '신의 아들'이란 호칭을 사용하고, 죽은 뒤에는 '신'이라는 호칭을 부여받았습니다. 그런데 도미티아누스 황제는 재임 중에 이미 '우리의 주님이시며 신(dominus et deus noster)'이라는 호칭을 자신에게 사용하도록 하고, 소아시아의 많은 지역에 자신의 신상을 세워 경배하도록 했으며, 심지어 가정에서도 이런 황제 숭배 의식을 행하도록 했습니다.

도미티아누스 황제는 황제 숭배 의식을 확장하고 예전보다 강하게 요구하였기에 그리스도인과 부딪칠 수밖에 없었습니다. 황제 숭배는 유일신을 믿는 그리스도인들에게 우상 숭배와 마찬가지였기 때문입니다. 소아시아에 살던 그리스도인들이 황제 숭배 의식을 거부한 것이 박해의 계기가 되었을 것입니다. 이러한 사실을 역사 기록에서도 찾을 수 있습니다.

요한 묵시록이 도미티아누스 황제 시기와 깊은 관련이 있다는 사실을 본문에서도 확인할 수 있습니다. 92-93년에 로마는 흉년이 들어 곡물이 부족하고 기근이 심해지는데, 소아시아 지역은 작황이 좋아 포도주를 많이 생산하고 그 포도주가 싼 값에 로마로 대량 유입됩니다. 그러자 도미티아누스 황제는 칙서를 내려 소아시아 지방의 포도밭 절반을 없애고, 새로운 포도밭 조성을 금지시켰습니다. 이런 상황에서 소아시아의 일부 도시들, 특히 포도주 산업이 경제활동의 중심이었던 도시들은 사절단과 함께 특사를 황제에게 파견하여 칙서의 부당함을 호소하고 피해를 줄이기 위한 중재를 도모합니다. 당시 상황을 기록한 문서에서 이 사절단이 성공을 거두었다는 표현을 찾을 수 있습니다《현자들의 삶》1,21). 많은 학자가 "올리브 기름과 포도주에는 해를 끼치지 마라"(6,6)라는 내용이 이 사건을 나타내는 표현이라고 생각합니다. 그리고 본문에 나오는 이런 암시는 요한 묵시록이 도미티아누스 황제 시기에 쓰였다고 생각하게 합니다.

요한 묵시록은 이와 같은 배경에서 쓰였습니다. 점차 심해지는 박해로 사람들이 죽고, 신앙을 잃을 수 있는 상황에서 요한 묵시록 저자는 희망과 위로를 전하려 합니다. 또한 박해에 굴복하지 않고 믿음을 지켜 나갈 수 있도록 격려하고 도와줍니다. 어려운 가운데 믿음을 지켜 나가는 이들에게 '종말이 멀지 않았고 그때에 하느님께서 악의 세력을 모두 심판하실 것'이라고 강조합니다. 구체적인 역사 배경을 아는 것은 요한 묵시록을 이해하는 데 중요합니다. 당시 사람들이 처한 상황을 잘 알아야, 그들에게 전하는 계시의 내용도 올바로 이해할 수 있기 때문입니다.

이런 이유에서 많은 전문가는 요한 묵시록이 도미티아누스 황제 통치 말, 황제 숭배 의식에 대한 강요가 심해졌을 때 쓰인 것으로 생각합니다. 이런 모든 흔적을 종합해 보면 요한 묵시록은 95년경에 쓰였다고 말할 수 있습니다.

요한 묵시록

본문
읽기

요한 묵시록은 크게 네 부분으로 나뉘며 다음과 같은 구조로 이루어져 있습니다.

  전체 구조에서 드러나듯이, 요한 묵시록에서 일곱 교회에 보낸 편지를 제외한 대부분의 내용은 환시로 이루어져 있습니다. 주요 환시를 전하는 부분은 일곱 봉인, 일곱 나팔, 일곱 대접에 대한 환시가 중심을 이룹니다. 환시를 묘사하는 많은 표현은 구약성경의 여러 상징과 연결됩니다. 요한 묵시록을 읽으면서 염두에 두어야 할 것은, 저자가 본 환시를 지금 우리는 글로 읽고 있다는 사실입니다.

요한 묵시록의 구조

도입 (1,1-20)	일곱 교회에 보낸 편지 (2-3장)	주요 환시 (4,1-22,5)	마침 (22,6-21)
머리말 편지 서문 소명 환시	에페소 스미르나 페르가몬 티아티라 사르디스 필라델피아 라오디케이아	하느님의 어좌와 어린양 (4,1-5,14) ⇩ 일곱 봉인 (6,1-17; 8,1) 선택된 이들 (7,1-17) ⇩ 일곱 나팔 (8,2-9,21; 11,15-19) 두 증인 (10,1-11,14) ⇩ 하느님 백성과 반대자 (12,1-14,5) ⇩ 심판의 예고와 일곱 대접 (14,6-16,21) ⇩ 바빌론의 멸망 (17-18장) 어린양의 혼인 잔치 (19,1-10) ⇩ 하느님의 승리 - 그리스도의 재림 (19,11-21) 천 년 통치와 마지막 심판 (20장) 새 창조와 새로운 예루살렘 (21,1-22,5)	끝맺는 대화 편지 끝맺음

01

머리말 (1,1-3)

1,1-3은 요한 묵시록 전체에 대한 소개와 같습니다. 가장 첫 구절인 "예수 그리스도의 계시"(1,1)는 앞으로 이 책이 전할 내용의 성격을 드러냅니다. 1절에서 저자가 기록한 대로 "머지않아 반드시 일어날 일들"에 관한 계시가 요한 묵시록의 내용입니다. 하느님께서 그 일들을 그리스도께 알리시고, 그리스도께서는 천사를 통해 "당신 종 요한"에게 알려 주십니다. 이 내용은 하느님의 종들, 곧 모든 신앙인에게 전해지는 하느님의 계시입니다.

머리말은 행복 선언으로 끝납니다. "예언의 말씀을 낭독하는 이와 그 말씀을 듣고 그 안에 기록된 것을 지키는 사람들은 행복합니다. 그때가 다가왔기 때문입니다"(1,3). 또 이와 거의 동일하게 반복되는 내용이 책의 마지막 부분에도 나옵니다(22,7). 요한 묵시록의 시작과 마침에 행복 선언이 있는 셈입니다. 이러한 구성은 요한 묵시록이 기록된 목적과 관련이 있습니다. 저자는 말씀을 받아들여 따르고 보존하는 것을 "행복"이라고 표현합니다. 이렇게 박해 중에 있는 신앙인들이 말씀을 저버리지 않도록 당부하는 것이기도 합니다. 여기서 주목할 것은 "예언의 말씀을 낭독하는 이"라는 표현입니다. 여기에 쓰인 그리스어는 단순히 '읽다'라는 의미를 지닌 단어인데, 학자들은 이를 '청중 앞에서 읽는 것'으로 이해하는 것이 옳다고 주장합니다. 우리말 《성경》의 '낭독'이란 표현과 함께 생각해 볼 수 있는 것은 요한 묵시록이 전례에서 낭독되었을 가능성입니다. 이런 까닭에 어떤 이들은 요한 묵시록에 전례적 성격이 담겨 있다고 주장하지만, 다른 특징에 비하면 그리 중요한 특징은 아닙니다.

02

편지의 서문(1,4-8)

1,4부터 나오는 인사는 전형적인 편지 형식입니다. 바오로 서간과 비교해 보면 그 특징을 어렵지 않게 찾을 수 있습니다. 일반적으로 당시 편지 형식의 서두에는 세 가지 요소가 담겨 있었습니다. 첫째는 편지를 써서 보내는 이(발신인)에 대한 소개이고, 둘째는 편지를 받는 이(수신인)에 대한 언급이며, 셋째는 수신인에게 전하는 인사입니다. 요한 묵시록은 이 세 가지 요소를 모두 담고 있습니다. '요한'은 발신인이며, '일곱 교회'는 앞으로 전개될 내용의 수신인입니다. 그리고 상

당히 길게 표현한 인사말은 수신인에게 은총과 평화를 빌어 주는 편지 형식의 인사말입니다.

요한 묵시록의 편지 서문에는 예수 그리스도에 대한 찬양이 포함되어 있습니다. 그 내용은 예수 그리스도의 구원으로 직접 향하고 있습니다. 예수님께서 "당신 피로 우리를 죄에서 풀어 주셨고"(1,5), "하느님을 섬기는 사제가 되게"(1,6) 하셨다는 내용에서 세례를 생각할 수 있습니다. 죄의 용서와 하느님의 백성(또는 자녀)이 되는 것은 세례로 얻는 은총이기 때문입니다. 저자는 이 표현을 통해 세례 때의 첫 마음을 기억하도록 요청합니다. 이와 비슷한 표현을 성경의 다른 책에서도 찾을 수 있습니다.

"너희는 나에게 사제들의 나라가 되고 거룩한 민족이 될 것이다"(탈출 19,6).

"여러분은 선택된 겨레고 임금의 사제단'이며 거룩한 민족이고 그분의 소유가 된 백성입니다"(1베드 2,9).

이 두 구절은 1,6과 거의 같습니다. 단지 차이가 있다면 탈출

기와 베드로 1서가 '나라' 또는 '사제단'이라는 표현을 통해 하느님의 백성, 곧 믿는 이들의 공동체를 집합적인 의미로 나타내는 반면, 요한 묵시록은 개개의 신앙인이 사제와 같이 하느님을 섬기는 이들이라고 표현합니다. 원래 그리스어 본문에는 "하느님을 섬기는 사제들"이라는 복수 표현이 쓰였다는 것을 생각하면, 이 사실을 쉽게 이해할 수 있습니다. 결국 1,5-6은 직접적으로 구원을 말하는 단락입니다. 모든 그리스도인은 세례를 통해 하느님을 섬기는 사제처럼 되고, 이것은 바로 구원을 위한 공동체를 나타냅니다.

7절에서는 다니 7,13과 즈카 12,10을 함께 인용합니다. 여기서 표현하는 것은 그리스도의 재림입니다. 또 이분은 우리가 익히 알고 있는 것처럼 십자가 위에서 돌아가시고 창에 찔렸던 바로 그 예수 그리스도라는 사실을 강조합니다.

이 단락은 하느님을 나타내는 삼중 표현으로 끝납니다. 지금도 전례에서 흔히 사용하는 "전능하신 주 하느님"(1,8)이라는 용어는 구약성경의 "만군의 주님"에서 유래합니다. 현재 용어에서 그 흔적을 찾을 수 없지만 구약성경에서 사용하던 '싸움에서 승리하시는 하느님'에 대한 표상이 담겨 있습니다.

03

소명 환시(1,9-20)

1,9-20은 저자 '요한'이 소명을 받는 환시를 전합니다. '소명'은 예언서의 주된 특징입니다. 예언자들은 대부분 자신의 책을 시작하기에 앞서 자신이 소명을 받는 환시를 전해 줍니다. 이런 점에서 본다면, 요한 묵시록의 저자 역시 예언자 전통과 연결되어 있음을 알 수 있습니다. 우선 저자는 자신을 "형제"이고 "더불어 환난을 겪고 그분의 나라에 같이 참여하며 함께 인내"(1,9)하는 사람으로 소개합니다. 그는 현재 파트모스라는 섬에 갇혀 있습니다. 파트모스섬은 당시 유배지로 유명한

곳이었습니다. 이 모든 정황은 저자가 "하느님의 말씀과 예수님에 대한 증언 때문에"(1,9), 곧 신앙으로 인한 박해 때문에 유배되었다는 사실을 알려 줍니다.

저자가 받은 소명은 "네가 보는 것을 책에 기록하여 일곱 교회 곧 에페소, … 라오디케이아에 보내라"(1,11)는 것입니다. 이 소명은 앞으로 소개될 책의 내용이 '보는 것', 곧 환시라는 점을 명확하게 합니다. 그가 들은 것은 '나팔 소리 같은' 소리로 이와 유사한 표현은 요한 묵시록 전체에서 찾을 수 있습니다. 일상적이지 않은 목소리를 표현할 때 요한 묵시록뿐 아니라 성경의 다른 책들에서도 자주 나팔, 천둥, 함성, 많은 물 등이 비유적으로 사용됩니다. 소명 환시에 나오는 표현을 4,1에서도 찾을 수 있습니다. 이런 방식을 통해 저자는 소명과 환시의 시작이 같은 명령에 의한 것이라는 점을 강조합니다.

소명을 기록해서 보낼 대상인 '일곱 교회'는 두 방향에서 이해할 수 있습니다. 첫째는 실제적인 의미로 요한 묵시록에 나오는 일곱 도시를 의미하고, 이 도시들이 당시 그리스도인들에게 중요한 거점이었을 것으로 생각할 수 있습니다. 반면에 일곱이라는 상징성에 주목한다면, 요한 묵시록의 일곱 교회는 단순히 일곱 도시를 나열한 것이 아니라 소아시아에 있는 모든 교회를 의미하는 것으로 이해할 수 있습니다. 요한 묵시록이 가진 특성을 생각하면, 여기서 말하는 일곱 교회는 실제적인 의미가 아닌 상징적인 의미로 사용되었을 것입니다. 어떤 이들은 당시 소아시아에서 더 유명하고 그리스도교와도 관련이 깊은 콜로새, 히에라폴리스, 밀레토스와 같은 도시들을 언급하지 않는 것이 그 증거라고 봅니다.

소명을 전해 준 목소리의 주인공은 "사람의 아들 같은 분"(1,13)입니다. 이 표현은 다니엘서에서 찾을 수 있습니다(다니 7,13: "사람의 아들 같은 이"). 그는 "발까지 내려오는 긴 옷을 입고 가슴에는 금띠를 두르고"(1,13) 있습니다. 이 구절은 구약성경에 등장하는 대사제의 복장을 떠올려 줍니다(탈출 28장; 39장 참조). 요세푸스가 저술한 《유다 고대사》에서도 비슷한 표현을 찾을 수 있습니다(3권 7장 참조). 특별히 '금띠'는 구약성경 전통에서 임금이나 그의 친족에게만 허용된 것입니다(1마카 10,89). 그러므로 1,13에 나오는 복장은 사제 신분과 임금의 신원을 동시에 드러내는 것이라고 할 수 있습니다. 요한 묵시록은 구약성경의 배경에서 이 '사람의 아들'을 왕적인 대사제로 묘사합니다.

"그분의 머리와 머리털"은 흰 양털과 흰 눈에 비교되고 "그분의 눈"은 불꽃에 비교됩니다(1,14). 발은 놋쇠 같고 목소리는 큰 물소리 같습니다(1,15). 흰색은 요한 묵시록에서 하느님의 초월성을 상징하기에, 환시를 통해 흰색 이미지로 드러나는 사람의 아들은 세상을 초월하여 계신 분입니다. 불(꽃)은 구약성경에서 주로 하느님의 심판을 암시합니다. '사람의 아들의 눈이 불꽃과 같다'는 표현은 앞으로 펼쳐질 정의와 심판을 암시하는 것으로 생각할 수 있습니다. 이와 비슷한 표현을 다니 7,9; 10,6에서도 찾을 수 있습니다.

1,17-20에서는 저자가 받은 소명이 사람의 아들의 입을 통해 표현됩니다. 우선 저자가 그분 앞에 엎드리고, 그러자 그분이 두려워하지 말라고 힘을 북돋아 주는 모습은 예언자들의 소명 사화에서도 찾을 수 있고, 특히 다니엘서에 이와 비슷한 내용이 나옵니다(다니 10,16-19). 여기서 사람의 아들은 예수 그리스도를 나타냅니다. 그분의 목소리에서 그것을 확인할 수 있습니다. "나는 죽었었지만, 보라, 영원무궁토록 살아 있다"(1,18). 또 사람의 아들을 죽음과 저승의 열쇠를 지

닌 분이자, 죽음을 극복하고 통치하는 분으로 소개합니다. 본문은 사람의 아들을 앞으로 일어날 종말 때의 심판을 이끌어 가며, 그 일에 대한 모든 권한을 가진 분으로 설명합니다. 특히 1,16에서 일곱 별을 쥐고 일곱 교회에 대한 권한을 행사하는 모습, 입에서 나오는 "날카로운 쌍날칼"이라는 표현을 통해 '사람의 아들'이 수행할 심판자의 역할을 명확히 드러냅니다. 그러므로 환시에서 보이는 여러 상징은 구약성경의 맥락에서 사람의 아들이 하는 역할과 앞으로 일어날 일들을 암시한다고 할 수 있습니다.

04

일곱 교회에 보낸 편지 (2-3장)

요한 묵시록에서 환시와 구분될 수 있는 것은 2-3장에 걸쳐 나오는 '일곱 교회에 보낸 편지'입니다. 이 부분은 짧은 편지 형태로 되어 있습니다. 그 내용을 읽어 보면 동일한 표현이 반복해서 사용된다는 점을 쉽게 알아차릴 수 있습니다.

우선 일곱 교회에 보낸 편지는 공통적으로 "교회의 천사에게 써 보내라"는 명령으로 시작합니다. 여기서 말하는 천사는 각 공동체의 지도자를 상징할 수도 있지만, 요한 묵시록의 다른 곳에서 등장하는 천사들에 대한 언급을 생각해 본다면 공동체를 대표하는 수호천사 격으로 생각할 수 있습니다. 편지는 "귀 있는 사람은 성령께서 여러 교회에 하시는 말씀을 들어라. 승리하는 사람에게는 … 주겠다"는 표현으로 마칩니다. 이처럼 일곱 교회에 보낸 편지는 반복되는 표현으로 구성됩니다.

에페소

가장 먼저 등장하는 교회는 에페소 공동체입니다. 당시 에페소는 경제가 상당히 발전된 도시로 소아시아의 주요 도시였습니다. 에페소는 특히 신약성경과 깊은 관련이 있는 도시였습니다. 바오로 사도가 에페소에 그리스도교 공동체를 세운 이후 이 도시가 선교 활동의 거점이 되었을 것으로 보입니다. 일반적으로 요한 복음서와 사목 서간이 에페소에서 쓰였을 것이라고 봅니다. 이미 에페소에는 아르테미스 여신(여인들과 사냥의 수호신)을 위한 신전이 있었고, 도미티아누스 황제 때에는 자신을 위한 신전을 세운 것으로 전해집니다. 이처럼 에페소는 소아시아에서 중요한 역할을 하는 도시였습니다.

니콜라오스파: 에페소 교회에 보낸 편지에서 두 가지 낯선 표현을 찾을 수 있습니다. "사도가 아니면서 사도라고 자칭하는 자들"(2,2)과 "니콜라오스파"(2,6)입니다. 에페소 공동체는 어려움을 겪으면서도 이들의 잘못된 가르침을 거부하고 올바른 신앙을 지켜 나간 것으로 보입니다. 여기서 '거짓 사도들'과 '니콜라오스파'는 같은 사람들을 가리킨다고 볼 수 있는데, 아마도 그리스도교 신앙과 황제 숭배를 접목한 가르침을 전하던 사람들일 것입니다.

이들의 구체적 소행은 페르가몬에 보낸 편지에서 찾을 수 있습니다. "이스라엘 자손들 앞에 걸림돌을 놓아 그들이 우상에게 바친 제물을 먹고 불륜을 저지르게 한"(2,14) 것입니다. 일곱 교회에 보낸 편지에 등장하는 거짓 사도들, 니콜라오스파, 발라암의 가르침, 그리고 여예언자 이제벨은 모두 동일한 가르침을 통해 신앙인들이 잘못된 길을 걷게 하는 부류였습니다. 아마도 이들로 인한 폐해가 당시 신앙 공동체에 큰 영향을 미쳤을 것이고, 묵시록 저자는 여러 차례 그들을 언급합니다.

에페소 신자들에게 보내는 말씀: 에페소 신자들에게는 '회개'를 강조합니다. 요한 묵시록은 "처음에 지녔던 사랑을 저버린 것"(2,4)을 나무랍니다. 그러므로 "네가 어디에서 추락했는지 생각해 내어 회개하고, 처음에 하던 일들을 다시 하여라"(2,5)고 합니다. 이 말씀은 회개의 의미를 알려 줍니다. 회개는 생각을 바꾸어 처음의 마음으로 되돌아가는 것, 처음에 지녔던 사랑을 다시 찾는 것입니다.

그리고 "승리하는 사람에게는 내가 하느님의 낙원에 있는 생명 나무의 열매를 먹게 해 주겠다"(2,7)고 약속합니다. "생명 나무"는 22,19에서도 다시 나오는데, 구원된 상태를 나타내는 것으로 보입니다. 생명 나무는 창세기에 나오는 에덴 동산을 연상케 합니다. 창세기는 에덴 동산 한가운데에 생명 나무와 선악을 알게 하는 나무가 있었다고 전합니다(창세 2,9 참조). 이러한 암시에서 요한 묵시록이 전하고자 하는 새로운 창조를 생각해 볼 수 있습니다.

스미르나

스미르나는 에페소 북쪽에 있는 바닷가에 인접한 도시로, 소아시아에서 형성된 초기 도시들 중 하나였습니다. 이미 26년에 스미르나에는 황제 티베리우스를 위한 신전이 세워졌다고 전해집니다. 70년 유다 전쟁으로 예루살렘과 성전이 무너진 후 많은 유다인이 이곳으로 이주했던 것으로 보입니다.

스미르나 신자들에게 보내는 말씀: 스미르나 교회에 보내는 편지에서는, 사람의 아들을 "처음이며 마지막이고 죽었다가 살아난 이"(2,8)라고 소개합니다. 여기 나오는 '사람의 아들'은 5,6에 나오는 "살해된 것처럼 보이는 어린양"이라는 표현이 가리키는 인물과 동일한 인물로서, 바로 예수 그리스도입니다. 스미르나 공동체를 특징짓는 것은 '환난'과 '궁핍'입니다. 유다인들이 이방인들과 경제 교역을 피했다는 점을 생각해 보면, 유다인이 많이 모여 살았던 이 도시에서 그리스도인은 경제적으로 소외되었을 것이라는 추측을 할 수 있습니다. 요한 묵시록이 기록되던 때에 유다인들은 이미 그리스도인들을 배교자로 생각했고 이방인처럼 여겼기 때문입니다.

이러한 배경에 맞게 스미르나 공동체는 유다인과 갈등하는 모습을 보입니다. "유다인이라고 자처하는 자들"(2,9)은 니콜라오스파와 관련이 있다기보다 스미르나에 살던 유다인을 가리킵니다. 실제로 유다인은 소아시아 지방에서 종교 생활의 특혜를 받으며 살았던 것으로 전해집니다. 그리스도인들이 박해를 받자, 유다인은 자신들의 권익을 보호하기 위해 그리스도인과 구분되려고 노력했을 것이고, 이러한 배경이 요한 묵시록에 담겨 있습니다. 이렇듯 편지는 스미르나 신자들에게, 궁핍과 박해로 인한 환난 가운데서도 신앙을 끝까지 지키라고 권고합니다.

이들에게 주어지는 약속은 생명의 화관입니다. 그 내용은 "두 번째 죽음의 화를"(2,11) 면하는 것입니다. 20,6.14과 21,8에서 두 번째 죽음은 천 년에 걸친 그리스도의 다스림 후에 오는 완전한 파멸을 가리키며, 육적인 죽음이 아닌 영적인 죽음, 곧 최종적이며 영원한 죽음을 의미합니다. 두 번째 죽음을 맞지 않을 것이라는 약속은, 새로운 예루살렘에서 영원한 생명을 누릴 것이라는 뜻으로 볼 수 있습니다.

페르가몬

페르가몬은 오늘날 튀르키예의 베르가마로 알려져 있습니다. 기원전 133년에 로마의 통치 아래 놓였으며 에페소 이후에 소아시아 지방의 행정 중심지로, 관청이 있었고 지방관이 머물렀던 도시입니다. 이미 기원전 29년 페르가몬에는 로마의 여신과 아우구스투스 황제를 위한 신전이 있었을 정도로 소아시아 지방에서 황제 숭배 의식이 성행했던 곳입니다.

발라암의 가르침: 편지 저자는 페르가몬을 "사탄의 왕좌"이자 "사탄이 사는 고을"이라고 표현합니다(2,13). 아마도 황제 숭배 의식의 출발점이라 할 수 있는 아우구스투스 황제를 위한 신전이 있었기에, 사람들은 페르가몬을 황제 숭배 의식의 중심지로 생각했을 것입니다. 또 이 공동체에서는 황제 숭배 의식 때문에 안티파스가 순교하였는데, 이 사건이 페르가몬의 그리스도교 공동체에는 상당히 큰 의미가 있었던 것으로 보입니다. 저자는 안티파스의 순교를 상기시킵니다.

발라암 이야기는 민수 22-24장에 나옵니다. 발라암은 이방인 출신 예언자로 등장하는데 모압 임금 발락에게서, 이집트를 탈출하여 점차 세력을 확장하는 이스라엘 백성을 저주해 달라는 요청을 받습니다. 민수기에는 발라암이 하느님의 신탁을 충실히 수행하는 바람직한 모습으로 나타나지만, 유다교 전승에서는 그렇지 않습니다. 그 전승은 발라암이 하느님의 천사를 만나는 부분에서 나귀도 볼 수 있는 하느님의 천사를 보지 못했다는 점을 지적하며, 하느님의 뜻을 충실하게 따르지 않은 본보기로 제시합니다(민수 22,22-35 참조). 또 민수 25장에 이스라엘 백성이 하느님의 뜻을 거슬러 모압 여인들과 죄를 짓고 바알 신을 섬기는 이야기가 나오는데, 이스라엘 백성을 이렇게 만든 장본인이 발라암이라는 기록이 민수 31,16에 나옵니다. 이런 점에서 발라암의 가르침은 불륜과 우상 숭배를 나타낸다고 할 수 있습니다.

페르가몬 신자들에게 보내는 말씀: 페르가몬 신자들에게 보내는 편지도 역시 불륜과 우상 숭배를 버리고 하느님께 돌아오라는 것을 강조합니다. 회개하지 않는 이들은 심판을 받을 것인데, 저자는 그것을 "내 입에서 나오는 칼"(2,16)이라고 표현합니다. 이미 소명 환시에서 언급된 것처럼, 요한 묵시록에서 그리스도의 심판은 전쟁의 이미지로 표현됩니다. 반면에 믿음을 간직한 이들이 받는 약속은 "숨겨진 만나"와 아무도 모르는 새 이름이 새겨진 "흰 돌"입니다(2,17). 숨겨진 만나는 탈출 16장에 묘사된 이스라엘 민족의 광야생활을 떠오르게 합니다. 이 표현은 2,14에 나오는 "우상에게 바친 제물"과 대비됩니다. 우상의 음식과 천상의 음식이 대조를 이루는 셈입니다.

나아가 숨겨진 만나는 요한 6장의 성체성사를 나타내는 상징으로도 이해할 수 있습니다. 요한 6장에서 예수님은 자신을 '하늘에서 내려온 생명의 빵'이라고 합니다. 현재 전례에서 성체성사는 어린양의 혼인 잔치와 연결됩니다(19,5-10 참조). '아무도 모르는 이름'은 3,12에서 예수 그리스도의 이름으로 밝혀집니다. 결국 예수 그리스도의 이름은 그분께서 계시한 이들에게만 알려진 이름으로, 다시 오실 때까지 믿음을 간직한 이들에게만 유보되어 있다는 것을 나타냅니다. 그 이름은 장차 우리를 구원할 이름입니다.

티아티라

티아티라는 2-3세기에 번성했던 도시로 알려져 있습니다. 사도 16,14을 보면, 필리피에서 바오로 사도로부터 복음을 받아들인 리디아라는 여인이 티아티라 출신입니다.

여예언자 이제벨: 티아티라에 보낸 편지에는 이제벨이라는 인물이 등장합니다. 이제벨은 이스라엘 임금 아합(기원전 875-853년 재위)의 이방인 출신 부인으로, 성경과 유다교 전승에 따르면 이스라엘에게 바알 신에 대한 숭배를 요구한 인물입니다(1열왕 16,31-34 참조). 성경은 이제벨의 특징을 음행과 주술이라고 말합니다(2열왕 9,22.30-34 참조). 이러한 이제벨이라는 인물의 특징을 생각할 때, 아마도 당시 티아티라 교회에는 니콜라오스파에 속한 여예언자가 있었던 것으로 보이며, 불륜 및 우상 숭배와 연관된 그 여자를 '이제벨'이라는 상징적 이름으로 부른 듯합니다.

요한 묵시록에 나오는 니콜라오스파, 발라암의 가르침, 여예언자 이제벨은 모두 불륜과 우상 숭배라는 공통점을 지닙니다. 요한 묵시록은 이렇게 잘못된 가르침을 따르는 이들에게 다시 하느님께 돌아오라고, 곧 회개하라고 경고합니다. 반면에 잘못된 가르침에 현혹되지 않고 환난 속에서 믿음을 굳건히 지킨 이들에게는 약속이 성취될 것을 강조합니다.

티아티라 신자들에게 보내는 말씀: 티아티라 신자들에게 보내는 경고는 불륜과 우상 숭배를 버리고 회개하라는 것입니다. 페르가몬 신자들에게 말하는 것과 같은 맥락입니다. 이제벨의 악행을 따르는 이들이 받는 것은 심판입니다. "나는 너희가 한 일에 따라 각자에게 갚아 주겠다"(2,23). 하지만 이제벨의 가르침을 따르지 않는, '사탄의 깊은 비밀'을 따르지 않는 이들에게 약속한 것은 '샛별'입니다. 샛별은 금성(Venus)을 의미하는데, 새벽녘에 나타나는 특성 때문에 '아침의 별'로 불렀다고 합니다. 샛별은 이미 고대사회에서 '통치권'을 나타내는 상징으로 사용되었습니다.

여기서 샛별은 그리스도를 의미하고, 22,16에서도 같은 표현이 나옵니다. '샛별을 주겠다'는 약속은 믿음을 간직한 이들도 그리스도의 통치권과 주권에 함께 참여한다는 의미로 받아들일 수 있습니다. 쇠 지팡이와 샛별은 통치와 주권을 나타내는 상징입니다. 시편을 인용한 본문에서 이것을 확인할 수 있습니다. "민족들을 다스리는 권한을 주겠다. … 그는 쇠 지팡이로 그들을 다스릴 것이다"(2,26-27). 특히 쇠 지팡이는 상징적 의미와 함께 여인에게서 태어난 사내아이에게 주어질 것이라고 다시 언급됩니다(12,5 참조).

사르디스

사르디스에는 아르테미스(*Artemis*) 여신에게 봉헌된 신전과 로마식 극장이 있었다고 전해집니다. 하지만 17년에 발생한 큰 지진으로 폐허가 되자, 티베리우스 황제는 5년 동안 세금을 면제해 주면서 도시를 재건했다고 합니다. 26년에 티베리우스 황제는 아우구스투스 황제의 셋째 부인인 자신의 어머니를 위한 신전과 원로원을 위한 신전을 세웠다고 합니다.

사르디스 신자들에게 보내는 말씀: 사르디스 신자들에게 보내는 말씀은 '깨어 있어라'와 '회개하라'입니다. '깨어 있어라'는 공관복음서에서 종말론적 기다림을 나타내기 위해 주로 사용한 표현입니다(마태 24,36 이하; 루카 12,35 이하 참조). '회개하라' 역시 세례자 요한과 공생활을 시작하는 예수님이 선포한 내용입니다. 구체적으로 '네가 가르침을 어떻게 받아들이고 어떻게 들었는지 되새기라'는 내용입니다(3,3). 여기서 표현된 '어떻게'는 의미상 '무엇'이라고 생각할 수도 있습니다. 결국 어떤 가르침을 간직했는지 생각하라는 뜻으로 이해할 수 있습니다.

사르디스 신자들에게는 흰옷을 입고 생명의 책에 기록될 것이라고 약속합니다. 흰옷은 요한 묵시록에서 상징적 의미로 자주 사용됩니다. 그리스도의 흰옷은 승리한 모습을 예시하는데, 이처럼 흰옷을 입게 될 것이라는 약속은 그리스도의 승리와 영광에 참여하게 될 것이라는 의미입니다. 생명의 책은 요한 묵시록에서 중요한 요소입니다(13,8; 17,8; 20,12.15; 21,27 참조). 구약성경에서 모세가 이와 비슷해 보이는 책을 언급하기도 했습니다(탈출 32,32-33 참조). 다니 12장에서도 비슷한 표현을 볼 수 있습니다. 종말에 관한 설명에서 "네 백성은, 책에 쓰인 이들은 모두 구원을 받으리라"(다니 12,1)는 표현이 나오고, 종말에 관한 비밀은 마지막 때까지 봉인되어 남아 있을 것이라는 말씀이 선포됩니다(12,9절 참조). 책에 기록되어 있다는 것은 구원되었음을 나타내는 뜻으로 이해할 수 있습니다.

필라델피아

필라델피아는 그리 크지 않은 도시로 현재에도 그 모습이 남아 있습니다(현재 이름은 알라셰히르). 이 도시에는 티베리우스와 칼리쿨라와 베스파시아누스 황제를 위한 신전이 있었다고 전해집니다. 또 제우스와 아르테미스, 그리고 디오니소스에게 예배하기 위한 제단이 있었다고 합니다. 필라델피아는 포도밭으로 둘러싸여 있고 포도주 생산이 주된 산업이었습니다. 그러므로 포도의 수확을 관장하는 것으로 알려진 디오니소스의 제단이 있었던 것입니다.

필라델피아 신자들에게 보내는 말씀: 필라델피아에 보낸 편지의 "거룩한 이, 진실한 이 다윗의 열쇠를 가진 이"(3,7)는 이사 22,22에 나오는 표현입니다. 여기서 열쇠를 가졌다는 것은 문을 열 수 있는 권한이 있음을 의미하고, 그 권한은 구원으로 향하는 문, 다윗의 도성 곧 새 예루살렘을 향한 문을 여닫을 수 있는 권한입니다. 이 표현은 구원을 새 예루살렘에 대한 환시로 나타내는 21장과 깊이 관련되어 있습니다. 필라델피아 교회에 보낸 편지에서는 필라델피아 신자들이 보여준 좋은 모습을 강조합니다. 그들은 어려움을 겪으면서도 인내로 믿음을 간직한 신앙인이었습니다.

필라델피아 신자들에게는 성전에 머물게 한다는 약속이 주어집니다. "내 하느님의 이름과 내 하느님의 도성, 곧 하늘에서 내 하느님으로부터 내려오는 새 예루살렘의 이름과 나의 새 이름을 그 사람에게 새겨 주겠다"(3,12). 신약성경에서 성전 또는 성전을 이루는 기둥에 대한 비유는 다가올 구원의 시간에 보이는 구원의 모습을 말합니다(1티모 3,15 참조). 성전은 하느님 현존의 상징입니다. 요한 묵시록에서, 특별히 새 예루살렘에 대한 환시에서는 더 이상 성전이 필요 없습니다. 왜냐하면 그 자리를 하느님과 어린양이 대신하기 때문입니다. 그러므로 승리하는 사람이 받는 약속, 곧 성전에 머물게 될 것이라는 말은 구원에 참여하리라는 약속입니다.

라오디케이아

라오디케이아에는 소아시아에서 가장 중요한 도로가 있었습니다. 이 도시는 그 도로 덕분에 경제적 발전이 이루어졌고, 더불어 금융업이 발달했다고 전해집니다.

라오디케이아 신자들에게 보내는 말씀: "아멘 그 자체이고 성실하고 참된 증인"(3,14)이라는 표현은 구약성경에서 쓰인 하느님에 대한 칭호 "신실하신 하느님"(아멘이신 하느님: 이사 65,16 참조)을 생각하게 합니다. 이를 통해 요한 묵시록 저자는 하느님의 말씀은 반드시 이루어진다는, 그분의 약속은 분명히 실현된다는 사실을 강조합니다. 요한 묵시록에서 강조하는 하느님의 성실함은 그분의 계시가 헛되지 않음을 나타냅니다. 그리고 '창조의 근원'이라는 말은 요한 묵시록에 자주 등장하는 '처음이며 마침'이라는 예수 그리스도의 칭호와 함께 선재 先在를 의미합니다. 이미 요한 복음서의 서문(요한 1,1-18 참조)에서 볼 수 있듯이, 예수님께서는 이 세상 창조 이전부터 하느님과 함께 계셨다는 것이 그 내용입니다.

라오디케이아 신자들에게는 굳은 결단으로 믿음에 대한 열정을 가지라고 요구합니다. "차지도 않고 뜨겁지도 않다"(3,15)라는 질책은 믿음을 지니고 살아갈 결단을 내리지 못하는 타협적 자세를 나무라는 것처럼 보입니다. 그들에게는 아버지의 어좌에 아버지와 함께 앉게 해 주겠다는 약속이 주어졌습니다. 어좌는 요한 묵시록뿐 아니라 복음서에서도 다스리는 권한을 상징합니다(마태 19,28; 루카 22,30 참조). 믿음을 열정적으로 지키는 이들은 하느님과 함께 다스릴 것입니다.

이처럼 일곱 교회에 보낸 편지는 구체적 현실에서 칭찬받고 인정받을 점과 부족한 점을 표현합니다. 믿음을 지키고 그릇된 가르침을 배격하라는 말씀도 전합니다. 그리그 이렇게 믿음을 잃지 않고 간직하는 이들에게는 구원을 구체적으로 약속합니다. 이 약속은 모두 실현될 것입니다. 약속이 실현되는 모습이 이제 다음 장부터 환시를 통해 드러납니다.

05

어좌에 앉은 분, 하느님(4,1-11)

4,1부터 본격적으로 환시가 시작됩니다. "그 뒤에 내가 보니 하늘에 문이 하나 열려 있었습니다"로 시작하는 4장은, 하늘로부터 온 계시가 이제 땅과 요한 묵시록 저자에게 향한다고 이야기합니다. 이와 비슷한 내용을 에제키엘 예언서에서도 찾을 수 있습니다. "그때 하늘이 열리면서 나는 하느님께서 보여 주시는 환시를 보았다"(에제 1,1). 아마 당시 사람들은 하늘이 열린다는 말을, 환시를 가능케 한다는 표현으로 생각한 것 같습니다. 그 뒤에 들려오는 목소리는 이미 1,10에서 본

것처럼 그리스도의 목소리를 말합니다.

  요한 묵시록에서 하늘이 열려 있다는 표현은 세 번 나옵니다(4,1; 11,19; 19,11). 중요한 의미를 담고 있는 12-13장을 시작하기에 앞서, 11,19에서 "하늘에 있는 하느님의 성전"이 열렸다고 하고, 19,11에서는 좀 더 직접적으로 "하늘이 열려 있는 것"을 보았다는 표현이 나옵니다. 약간의 차이는 있지만 세 구절 모두 하늘이 열리고 그곳으로부터 환시가 시작되는 것을 묘사합니다. 유다교 묵시문학에서는 '하늘이 열리다'는 표현이, 선택된 인간에게 하느님의 계시가 전달되는 것을 나타내는 이미지로 사용됩니다(1에녹 14,13; 3마카 6,18).

  이런 내용에 알맞게 요한 묵시록은 "이리 올라오너라. 이 다음에 일어나야 할 일들을 너에게 보여 주겠다"(4,1)는 말과 함께 저자가 성령께 사로잡혔다고 표현합니다. 여기서 저자가 표현하는 것은 하늘로 올라갔다는, 하늘로 들어 올려졌다는 사실입니다. 이런 사건과 함께 저자가 가장 먼저 본 것은 어좌입니다. "어좌 하나가 놓여 있고" 그 위에 "어떤 분"(4,2)이 앉아 있는 것을 봅니다(시편 11,4; 이사 66,1 참조). 여기서 어좌는 고대사회에서 권위를 상징합니다. 지금도 이러한 상징을 사용합니다. 우리가 흔히 '주교좌'라고 부르는 성당에는 주교를 위한 자리가 있습니다. 그 자리 자체가 주교의 권한과 임무를 나타냅니다. '어떤 분'에 대한 묘사는 이미 우리가 보았던 '사람의 아들'에 대한 묘사와 차이가 있습니다(1,12-16). 사람의 아들의 외형을 비교적 구체적으로 묘사한 것에 비해 어좌에 앉은 분은 그렇지 않습니다. 여기서는 형상에 대한 묘사 없이 색과 빛을 통한 비유를 통해 어좌에 앉은 분을 설명합니다. 이런 특징이 하느님을 직접 볼 수 없다는 구약성경의 생각 때문이라고 봅니다(이사 6,5 참조). 또 어좌에 앉은 분에 대한 요한 묵시록의 묘사는 에제키엘 예언서에서 찾을 수 있는 '네 생물과 바퀴'에 대한 환시로부터 영향을 받은 것으로 생각합니다(에제 1,26-28).

화려한 보석들과 빛으로 하느님을 묘사하는 것은 요한 묵시록의 마지막에서 보게 될 '새 예루살렘'의 화려함과 연결하여 이해할 수 있습니다. 새 예루살렘의 찬란함과 화려함은 하느님과 어린양으로부터 오는 것이라는 표현을 생각한다면, 요한 묵시록 저자는 환시의 시작과 마지막을 하느님의 영광이라는 주제 안에서 설명하는 것처럼 보입니다(21,11 이하).

스물네 원로

그 어좌 주위에는 또 다른 어좌 스물네 개가 있고 거기에 '스물네 원로'가 앉아 있습니다. 스물네 원로는 요한 묵시록에서 열두 번 사용되는데(4,4.10; 5,5.6.8.11.14; 7,11.13; 11,16; 14,3; 19,4), 구약성경이나 다른 곳에서는 찾아볼 수 없는 표현입니다. 그러므로 그들이 구체적으로 누구를 말하는지 논란이 많습니다. 스물넷이라는 숫자 때문에 다양한 의견이 등장합니다. 스물네 원로를 이해하려면 '스물넷'이 두엇을 나타내며, 어디에서 오는 숫자이고, 이 원로들이 상징적으로 무엇을 나타내는지를 찾는 것이 필요합니다. 우선 스물넷이라는 숫자는 성전에서 봉사하던 사제들과 성가대와 관련된 것으로 생각할 수 있습니다(1역대 24-25장 참조). 성전에서 사제와 성가대는 24개조로 나뉘어 하느님께 봉사했습니다. 하느님께 봉사한다는 점에서, 끊임없이 하느님 곁에서 하느님을 찬양하는 모습을 나타내기에 적절해 보입니다. 그래서 요한 묵시록의 '스물네 원로'의 24라는 숫자는 구약 시대의 사제와 성가대를 나타내는 숫자에서 왔을 것으로 생각합니다. 또 '원로'

라는 표현은 구약에서 말하는 것처럼 천사들 또는 천상 존재를 나타내는 것으로 이해합니다. 이미 구약성경은 하느님 곁에 항상 천사들이 머물러 있었다고 전하며(1열왕 22,19; 욥 1,6; 2,1) 이들을 '원로'로 표현하기도 합니다(이사 24,23).

네 생물

스물네 원로와 함께 어좌의 둘레에는 "앞뒤로 눈이 가득 달린 네 생물이 있었습니다"(4,6; 참조 에제 1,4-14). 이 네 생물은 각각 사자, 황소, 사람, 독수리 같다고 합니다. 전통적으로 교회는 이 네 생물이 네 복음서를 나타내는 상징이라고 이해하였습니다.

리옹의 이레네오 교부에 따르면, 사람은 족보를 통해 예수님의 혈통을 나타내는 마태오 복음서의 상징으로 보았고, 사자는 복음의 숭고한 면을 강조하면서 "광야에서 외치는 이의 소리"(마르 1,3)를 언급하는 마르코 복음서의 상징으로 생각했습니다. 황소는 사제 즈카르야의 이야기로 복음서를 시작하는 루카 복음서의 상징으로 보았습니다. 황소는 사제가 바치는 제사의 대표적인 제물이었기 때문입니다. 독수리는 요한 복음의 상징이라고 보았는데, 독수리가 높은 곳에 더 있는 것처럼 영적인 눈으로 그리스도를 바라보며 요한 복음서를 기록했다고 보았기 때문입니다.

결국 하느님 어좌 주위에 있는 '스물네 원로'와 '네 생물'은 구약과 신약을 대표하는 상징이라고 볼 수 있습니다. 이들은 하느님을 찬양하고 하느님의 계시를 전하며 하느님 곁에서 봉사하는 존재를 나타냅니다. 그들은 하느님 앞에서 쉬지 않고 외칩니다. "거룩하시다, 거룩하시다, 거룩하시다, 전능하신 주 하느님 전에도 계셨고 지금도 계시며 또 앞으로 오실 분!"(4,8). 이 표현은 이미 이사 6,3에서 사용되었고, 지금도 미사 전례에서 사용됩니다.

하늘에 계신 하느님에 대한 환시는 이어지는 어린양에 대한 환시를 뒷받침합니다. 어린양은 앞으로 일어날 모든 일에 대한 권한을 하느님에게서 위임받기 때문입니다. 특별히 어린양은 종말 때의 심판과 구원을 이끌어 가는 상징입니다.

06

일곱 번 봉인된 두루마리와 어린양(5,1-14)

5장에 처음 나오는 것은 '안팎으로 글이 적힌, 일곱 번 봉인된 두루마리'(5,1 참조)입니다. 앞으로 보게 되겠지만 이 두루마리는 요한 묵시록 전체에서 가장 많은 부분이 할애된 재앙의 시작을 의미합니다.

하느님의 오른손에 있는 이 두루마리와 함께 5장에서 중심이 되는 또 다른 주제는 '합당함'입니다. '오른손'은 고대 사회에서 행운을 나타내는 상징으로 사용되었고 구약성경에서 "하느님의 오른손"은 이스라엘 백성에게 하느님의 도움과 구원을 가져다주는 도구로 표현됩니다(이사 41,10; 시편 138,7). "어좌의 앉아 계신 분의 오른손에" 들린 안팎으로 무엇인가 적힌 두루마리는 에제 2,9-10에서 표현된 앞뒤로 글이 적힌 두루마리를 연상시켜 줍니다. "이 봉인을 뜯고 두루마리를 펴기에 합당한 자 누구인가?"(5,2)라는 질문은 실제 질문이 아니고, 합당한 이가 아무도 없다는 뜻을 강조하는 수사학적인 표현입니다. 이런 표현을 통해서 오직 어린양만이 그 두루마리를 펼 수 있다는 사실을 강조합니다.

두루마리가 봉인되어 있다는 것은 다니엘서와 함께 생각해 볼 수 있습니다. "이 말씀은 마지막 때까지 비밀에 부쳐지고 봉인되어 있어야 한다"(다니 12,9). 이제 두루마리의 봉인을 뜯게 되었다는 요한 묵시록의 표현을 다니엘서에 빗대어 본다면 마지막 때, 곧 종말이 멀지 않았음을 의미한다고 볼 수 있습니다.

5장에서 중심이 되는 것은 어린양에 대한 묘사입니다(5,6). "뿔이 일곱"이라는 것은 어린양이 갖는 완전한 권한에 대한 표현입니다. 고대사회에서 뿔은 권한의 상징이며 일곱이라는 수는 완전함을 의미하기 때문입니다. 마찬가지로 "일곱 눈"

은 모든 것을 볼 수 있다는 의미로서 전지전능하다는 뜻을 나타낼 수 있습니다(즈카 3,9; 4,10 참조).

가장 중요한 표현은 "살해된 것처럼 보이는 어린양"입니다. 상징을 사용하는 요한 묵시록에서 살해된 것처럼 보였다는 표현은 의심할 여지없이 예수 그리스도의 십자가상 죽음을 생각하게 합니다. 어린양은 바로 예수 그리스도의 상징입니다. 이제 '승리하신' 어린양은 하느님에게서 심판과 종말에 관한 모든 권한을 넘겨받아 완성을 향해 나아갑니다.

이러한 어린양에 대한 암시는 이어지는 스물네 원로와 네 생물의 찬양에서 더욱 확실해집니다. 그들은 저마다 "향이 가득 담긴 금 대접"(5,8)을 들고 있는데 이는 신앙인들이 올리는 기도의 상징으로 이해할 수 있습니다. 신앙인들의 원의와 기도가 담긴 대접을 들고 노래하는 것은 신앙인들의 기도가 어린양을 통해, 종말의 구원 계획을 통해 이루어질 것을 표현하는 환시입니다.

스물네 원로와 네 생물의 찬양은 "새 노래"(5,9)로 표현됩니다. 이와 같은 표현을 이사 42,10에서 찾을 수 있습니다. "주님께 노래하여라, 새로운 노래를. 땅끝에서부터 그분께 찬양을 드려라. 바다와 그를 채운 것들, 섬들과 그 주민들은 소리를 높여라." 이사야서는 종말과 관련된 하느님의 업적을 찬양하는데 이것을 '새로운 노래'라고 표현합니다. 이런 내용과 함께 생각해 본다면 요한 묵시록에서 말하는 '새 노래'는 이전과는 다른 새로운 방식으로 그리스도를 통한 구원이 완성되는 것을 의미하고, 이것은 종말에 오게 될 새로운 시작을 나타냅니다. 새로운 노래라는 표현은 구약성경에서 모두 일곱 번 나오는데, 주로 시편에서 새로운 예식을 시작할 때에 이 용어를 사용합니다(시편 33,3; 40,4; 96,1; 144,9; 149,1). 또 표현이 동일하지는 않지만 탈출 15장에 나오는 모세의 노래와 비교할 수도 있습니다. 이집트를 탈출한 이스라엘 백성은 하느님의 도움으로 갈대 바다를 무사히 건너고 이때 모세는 백성을 대신해서 하느님의 크신 업적을 찬양하는 노래를 부릅니다. 이 노래에서 마지막 찬양 역시 종말을 배경으로 합니다. "당신께서 그들을 데려다 당신 소유의 산에 심으셨습니다. 주님, 그 산은 당신께서 살려고 만드신 곳 주님, 당신 손수 세우신 성소입니다"(탈출 15,17). 여기 나오는 '산에 심는다'는 표현이, 유다교 묵시문학에서 종말에 오게 될 의로운 자들의 구원을 나타내는 표현이기 때문입니다. 구약성경 본문들에서 '새로운 노래'는 공통적으로 종말과 관련됩니다.

"모든 종족과 언어와 백성과 민족"(5,9)은 이미 다니엘서에 나온 표현입니다(다니 3,4.7; 5,19; 7,14). 요한 묵시록은 이 말을 자주 사용하는데 숫자 4와 관련된 상징적인 표현으로 예수 그리스도의 구원은 어떤 경계도 없이 모든 인류를 위한 것이라는 세계적 전망을 드러냅니다. 구원은 부분적으로가 아니라 이 세상 전체에 해당되는 하느님의 업적입니다. 그러므로 예수님의 피는 온 세상을 구원하기 위한 '속량'입니다. 신약성경에서 어렵지 않게 찾을 수 있는 속량이란 말은 본래 전쟁 포로들을 자유롭게 해 주는 것과 관련된 용어입니다. 전쟁에서 패하고 잡혀간 포로들은 보통 노예가 되고, 이 노예들은 당연히 본국에서 가지고 있던 원래 지위를 박탈당했습니다. 하지만 로마법에 따르면, 일정한 값을 치루면 전쟁 포로들은 본국으로 돌아가 원래 지위를 되찾을 수 있었습니다. 속량은 이처럼 전쟁 포로들을 자유인으로 해방시키기 위한 '값을 치르다'라는 의미에서 왔습니다. 신약성경이 예수 그리스도의 십자가 구원을 속량으로 표현하는 것은, 예수님께서 당신의 피로 '값을 치러' 우리를 죄에서 해방시켰다는 의미를 강조하는 것입니다.

환시가 시작되는 4-5장은 하느님과 어린양을 소개하며 그의 승리를 찬양하는 내용으로 이루어져 있습니다. 또 앞으로 전개될 일곱 봉인에 대한 환시가 어디에서 오는지 잘 설명해 줍니다. 이미 저자가 책의 시작에서 언급한 것처럼 이는 어린양에 의해 주어지는 "예수 그리스도의 계시"(1,1)입니다. 이 모든 것은 그리스도를 통한 하느님 구원의 기쁜 소식을 전하는 것이기도 합니다. 이와 함께 환시는 앞으로 오게 될 심판과 징벌이 신앙인들의 기도와 원의에 의해 이루어진 것이라는 사실과 그 심판이 누구를 향한 것인지 암시합니다. 지금 신앙인들을 박해하는 세력은 머지않아 심판의 대상이 될 것입니다. 어린양으로 상징되는 그리스도의 승리는 이미 그의 죽음과 부활을 통해 드러났고 신앙인의 공동체 안에서 시작되었습니다. 이런 사실을 통해 저자는 박해 상황에 있는 신앙인들이 하느님과 예수 그리스도의 신실하심을 믿음으로써 어려움을 극복하도록 위로와 희망의 메시지를 전합니다.

07

여섯 봉인(6,1-17)

6장에서 일곱 봉인의 환시가 시작됩니다. 이 환시는 조금 독특한 구조로 짜여 있습니다. 처음 여섯 봉인에 대한 환시가 소개되고 마지막 일곱째 봉인에 대한 환시가 나타나기 전에 '선택된 이들'이라 이름 붙일 수 있는 환시가 중간에 자리합니다(7장 참조). 어린양의 합당함에 이어지는 일곱 봉인의 환시를 통해 저자가 전하는 것은 묵시적 재앙들입니다. 이 재앙은 신앙인들에게는 희망의 선포지만 하느님을 반대하는 세력에게는 종말에 있을 두려운 심판이 시작되었다는 경고입니다.

처음 네 봉인

6,1-8에서는 첫 네 봉인에 대한 환시를 전합니다. 특히 이 네 봉인에 대해 사람들은 '묵시적 기사騎士들'에 대한 환시라고 이름 붙였고, 이를 소재로 한 예술 작품도 여럿입니다. 그중 가장 유명한 것이 알브레히트 뒤러(Albrecht Dürer, 1471-1528년)의 판화입니다. 묵시적 기사들에 대한 환시는 구약성경의 즈카 6,1-8에 나오는 '네 병거에 대한 환시'를 생각나게 합니다. 즈카르야서에서 네 병거는 하늘의 네 바람을 나타내는 것처럼 보입니다. 이 환시에 이어지는 말을 탄 무사에 대한 이미지 역시 즈카르야서에서 찾을 수 있습니다. 즈카르야서의 환시는 하느님의 능력이 온 세상에 미친다는 점을 강조합니다. 요한 묵시록 역시 '묵시적 기사들'에 대한 환시에서 세상에 대한 하느님의 절대적인 주권을 설명합니다.

요한 묵시록에서 처음 네 봉인과 함께 등장하는 네 명의 기사는 각각의 재앙을 의미합니다. 그 재앙의 내용을 보면 구약성경에 나오는 재앙과 비슷한 점을 발견할 수 있습니다. 하느님께서 이스라엘 백성을 벌하시는 재앙으로서 칼로 상징되는 전쟁, 전쟁의 결과로 인한 굶주림, 흑사병으로 인한 죽음이 나타납니다(예레 15,2; 24,10; 29,17-19 참조). 칼과 굶주림, 사나운 짐승들 그리고 흑사병이 가장 큰 벌로 묘사되기도 합니다(에제 14,21 참조). 요한 묵시록의 저자는 재앙을 묘사하면서 구약성경의 이미지를 많이 사용한 것으로 보입니다.

이와 함께 일부 학자들은, 요한 묵시록의 일곱 봉인에 대한 환시 중 첫 네 봉인에 대한 환시가, 묵시적 본문이라 일컫는 마르 13장, 마태 24장, 루카 21장과 비슷하다고 주장합니다. 마르 13,7-27은 예루살렘의 멸망을 예고하면서 그전에 올 재난을 이야기하는데 그 순서를 보면 전쟁, 민족 간의 전쟁, 지진, 기근, 박해, 황폐화, 하늘의 표징 순입니다. 이와 비슷하게 루카는 전쟁, 민족 간의 전쟁, 지진, 기근, 전염병, 박해, 하늘과 바다의 표징 순으로 이야기합니다. 요한 묵시록의 재앙을 정리하면 전쟁, 칼, 기근, 전염병과 들짐승, 박해 그리고 하늘의 표징입니다. 이런 유사함은 신약성경의 재난이 구약성경에서 묘사된 재난에서 영향을 받은 것임을 말해 줍니다. 요한 묵시록 저자는 자신이 본 재앙에 대한 환시가 전통적으로 표현되는 하느님의 재앙과 차이가 없다는 것을 보여 주어 그것이 하느님으로부터 오는 것이라는 사실을 강조합니다.

흰말을 탄 첫째 기사는 활을 지니고 있습니다. 이 기사에 대해서 많은 의견이 있습니다. 재앙을 나타내지만 요한 묵시록 안에서 흰색이 갖는 긍정적인 의미가 서로 대치될 수 있기 때문입니다. 다양한 의견 중에서 첫째 기사를 시대적·역사적 상징으로 이해하는 것이 가장 적절해 보입니다. 당시 활은 파르티아 군대의 상징으로 널리 사용되었음을 여러 기록에서 찾을 수 있는데, 이와 관련하여 첫째 기사는 역사적인 사건을 암시하는 것으로 볼 수 있습니다. 실제로 62년에 로마의 네로 황제는 파르티아의 볼로가세스 1세 임금과 긴 전투를 벌인 끝에 패배합니다. 요한 묵시록의 환시는 이 전투를 나타낸다고 볼 수 있고, 이어지는 묵시적 기사들의 환시도 그와 관련된 이미지로 이해할 수 있습니다.

전쟁이 벌어질 것을 암시하는 첫째 기사가 등장한 후에 나오는 둘째 기사는 실제로 전쟁이 일어난 것을 이야기합니다. 붉은색은 피와 관련되며, 이 기사에게는 "서로 살해하는 일이 벌어지도록"(6,4) 하는 권한이 주어집니다. 그 권한의 상징은 큰 칼입니다. 이제 전쟁에 대한 암시는 실제로 벌어지는 전쟁의 환시를 통해 조금 더 구체적으로 묘사됩니다.

셋째 기사는 검은 말을 타고 있습니다. 검은색은 요한 묵시록뿐만 아니라 다른 성경에서도 부정적 의미를 지닙니다. 셋째 기사의 손에는 저울이 들려 있습니다. 저울은 일반적으로 '정의'를 상징하지만, 구약성경에서는 하느님을 거역한 벌로 인한 전쟁과 연관됩니다. 전쟁으로 굶주리는 상황에서 먹을 것이 부족해 저울에 달아 먹어야만 한다는 내용을 구약성경에서 볼 수 있습니다(레위 26,26; 에제 4,16-17 참조). "밀 한 되가 하루 품삯이며 보리 석 되가 하루 품삯이다"(6,6). 이 구절에 나오는 "하루 품삯"의 원어는 '데나리온'입니다. 마태 20장의 비유에 따라 "하루 품삯"으로 번역한 것 같습니다. 당시 다른 기록과 비교해 보면, 한 데나리온으로 밀 한 되를 산다는 것은 밀 값이 열 배 넘게 폭등했다는 의미입니다. 또 "올리브 기름과 포도주에는 해를 끼치지 마라"(6,6)라는 구절에는 시대적 배경이 담겨 있습니다. 기록에 의하면 도미티아누스 황제는 92년에 로마의 상권을 보호하기 위해 소아시아 지방에 칙서를 내립니다. 기존에 있던 포도밭의 반을 없애고 새로운 포도밭을 만들지 못하게 하는 내용이었습니다. 당시 포도 재배가 주된 경제 기반이었던 소아시아의 일부 도시에서는 이 문제를 해결하기 위해 로마 황제에게 사절단을 파견하여 좋은 결과를 얻었다는 기록이 남아 있습니다. 이는 로마 황제가 소아시아 지방에 황제 숭배 의식을 강요할 뿐 아니라 과도하게 경제적 간섭을 하고 있었음을 알게 해 줍니다.

넷째 기사는 푸르스름한 말을 타고 있는데, 그 기사의 이름은 '죽음'입니다. "그리고 그 뒤에는 저승이 따르고 있었습니다"(6,8). 그에게는 칼과 굶주림과 흑사병과 들짐승으로 사람을 죽이는 권한이 주어집니다. 이 역시 전쟁의 결과로 보입니다. 전쟁이 지나간 자리에 전염병이 돌고 사람들이 그 여파로 죽음을 맞는 것을 나타냅니다. 결국 묵시적 기사들의 환시는 전쟁과 그로 인한 살상, 경제적 불안정, 전쟁의 소용돌이에서 퍼져 가는 전염병을 나타내는 환시라 할 수 있습니다.

다섯째 봉인

다섯째 봉인은 박해에 관한 내용입니다. 이것은 마르 13,9-

11 내용과 거의 비슷합니다. 저자는 살해된 이들, 곧 순교한 이들의 영혼이 제단 아래에 있는 것을 봅니다. 제단이라는 표현과 연결해 보면 그들의 영혼을 구약성경의 속죄 제물과 비슷한 의미로 이해할 수 있습니다. 구약성경에서는 속죄 제물에 쓰이는 제물의 피를 제단 바닥에 뿌렸습니다(레위 4,7.18.25.30.34 참조). 피가 생명을 담고 있다고 여겨 하느님께 돌려드려야 한다고 생각했기 때문입니다. 이러한 배경에서 순교자들의 영혼이 하느님께 바쳐진 것으로 이해했음을 보여 줍니다.

"땅의 주민들을 심판하고 복수하시는 것을 언제까지 미루시렵니까?"(6,10)라는 외침은 구약성경에서 이스라엘 백성들이 지속적으로 탄식하며 기도할 때 사용하는 표현입니다(시편 13,2; 79,5; 80,5; 85,6). 심판을 요청하는 영혼들의 외침에 "수가 찰 때까지"(6,11) 조금 기다리라는 답변은 쉽게 이해가 되지 않습니다. 이 표현은 종말의 때가 아직 오지 않았다는 사실을 강조합니다. 또 종말에 있을 심판은 복수의 차원이 아니라 정의를 이루기 위한 하느님의 계획을 통해 이루어진다는 것으로 이해할 수 있습니다.

여섯째 봉인

여섯째 봉인은 지금까지 묘사된 환시 중에 가장 큰 재앙입니다. 이제 지상에 나타난 재앙들은 하늘로 옮겨 갑니다. 여기에 나오는 개별적 내용은 대부분 구약성경에서 언급된 바 있습니다. 지진(이사 13,13), 태양과 달의 변화(아모 8,9; 이사 13,10; 요엘 3,4 참조), 자루옷(이사 50,3), 하늘이 말린다는 내용(이사 34,4 참조) 등이 모두 그렇습니다. 이처럼 구약성경에 이미 나온 내용을 한데 모아 새로운 환시를 구성한 것이 요한 묵시록의 환시입니다. 구약성경에서 많이 사용된 표현을 통해 새로운 환시를 전해 주는 것입니다. 종말에 있을 하늘의 표징은 '하느님의 진노'와 연결됩니다. "누가 견디어 낼 수 있겠느냐?"(6,17)는 표현에서 그것이 얼마나 무섭고 두려운 것인지를 가늠해 볼 수 있습니다.

08

선택받은 하느님의 백성(7,1-17)

여섯째 봉인과 일곱째 봉인에 대한 환시 사이에 성격이 다른 환시 하나가 자리 잡고 있습니다. 7장 전체에 걸쳐 소개되는 이 환시를 '선택받은 하느님의 백성'에 대한 환시라고 부를 수 있습니다. 비록 여섯째 봉인 이야기에 뒤이어 나오지만, 세상에 재앙을 가져오는 일곱 봉인 환시에는 포함되지 않는 환시입니다.

하느님의 인장

7장은 "네 천사가 땅의 네 모퉁이에 서서 땅의 네 바람을 붙잡고" 있는 내용으로 시작합니다. 여기 나오는 '땅의 네 모퉁이'나 '네 바람'은 모두 동서남북을 가리키는 것으로 땅 전체를 의미할 수 있습니다. 이어 "하느님의 인장"을 가진 한 천사가 네 천사에게, 하느님의 종들 곧 하느님을 믿고 따르는 이들에게 인장을 찍을 때까지 어느 것도 해치지 말라고 명령합니다. "해치지 마라"(7,3)라는 말은 6,6의 "그러나 올리브 기름과 포도주에는 해를 끼치지 마라"와 같이 재앙에 반대되는 표현이라고 할 수 있습니다.

7,2에 나오는 "살아 계신 하느님의 인장"이 무엇을 말하는지는 명확하지 않습니다. 이 표현은 에제 9,4("사람들의 이마에 표를 해 놓아라")에서도 발견되는데, 에제키엘 예언서의 맥락에서 보면, 하느님의 인장(표)을 받은 이들은 다가올 심판에서 벗어날 수 있습니다. 요한 묵시록에 사용된 인장의 의미도 이와 비슷하다고 볼 수 있습니다. 즉, 하느님의 인장을 받은 이들은 요한 묵시록의 주된 내용인 재앙과 다가올 심판에서 보

호받을 수 있고 구원받을 수 있음을 나타냅니다. 이 점에서 '숫자로 된 표'(13,17 참조)와는 대조되는 상징입니다.

인장을 받은 이들의 수효는 "십사만 사천 명"(7,4)입니다. 요즘 일부 신흥종교 영향으로 많은 사람이 이 숫자에 관심을 보입니다. 요한 묵시록에 나오는 144,000이란 숫자는 실제적 의미보다 상징적 의미로 이해해야 합니다. 이 책의 저자는 많은 경우 숫자를 통해 상징적 의미를 표현하기 때문입니다.

앞의 상징 부분에서 설명했듯이 144,000은 12×12×1,000으로 풀 수 있습니다(24쪽 참조). 여기서 12는 전체를 완성한다는 의미를 가집니다. 구약성경에서 이스라엘의 열두 지파를 다시 불러 모으는 것은 하느님의 구원을 의미하는 표현입니다. 예수님께서 열두 제자를 뽑으셨다는 것 역시 신약의 새로운 하느님 백성, 곧 예수 그리스도를 통해 하느님을 믿는 이들을 모으셨다는 의미입니다.

7장에서 이 숫자는 이미 본문에 나왔듯이 "이스라엘 자손들의 모든 지파"(7,4)를 의미합니다. 열두 지파와 열두 제자를 나타내는 숫자를 거듭 사용하여 이스라엘의 완성을 표현한 것입니다. 10은 보통 '많음'을 나타냅니다. 숫자 그 자체의 의미보다 그 수효가 많을 것임을 보여 주고, 그 숫자를 반복하는 것으로 그만큼 구원받을 이들의 무리가 크다는 것을 뜻합니다. 그렇기에 10을 세 번 곱한 1,000은 '셀 수 없이 많음'을 의미하는 것으로 보입니다. "아무도 수를 셀 수 없을 만큼 큰 무리가 있었습니다"(7,9)라는 표현이 그 점을 잘 나타냅니다.

희고 긴 겉옷

"모든 민족과 종족과 백성과 언어권"(7,9)이란 표현은 숫자 4와 관련되어 '모든 세상'을 의미합니다. 이렇듯 온 세상에서 나온 구원받은 이들은 "희고 긴 겉옷을 입고 손에는 야자나무 가지를 들고서 어좌 앞에 또 어린양 앞에"(7,9) 서 있습니다.

흰색은 전통적으로 초월적 존재나 천상의 존재, 또는 하느님을 나타내는 데 사용되었습니다. 이 상징은 구약성경뿐 아니라 신약성경에서도 드물지 않게 쓰였습니다. 요한 묵시록 역시 이러한 전통적 의미를 그대로 사용합니다. 그렇기에 '희다'는 것은 단지 하얀색을 가리키기보다 찬란하게 빛나는 것으로서, 그것을 통해 하느님의 초월성이나 천상적 의미를 전달하고자 했던 것으로 보입니다.

예전에 '빨마'라고도 불렸던 '야자나무 가지'는 지중해 지역에서 승리를, 이집트에서는 장수를 나타내는 상징으로 쓰였습니다. 유다교에서는 초막절 축제를 나타내며 하느님의 강복을 의미할 수 있지만, 요한 묵시록에서는 '승리'를 나타내는 상징으로 사용된 듯합니다.

하느님과 어린양 앞에 서 있는 이들은 찬미의 노래를 부릅니다. "찬미와 영광과 지혜와 감사와 영예와 권능과 힘"(7,12)이 하느님께 영원히 있기를 찬미합니다. 이 일곱 가지는 하느님의 완전함을 나타내는 것으로 이해할 수 있습니다. 선택받은 하느님 백성은 '큰 환난'을 겪어 냈고, "어린양의 피로 자기들의 긴 겉옷을 깨끗이 빨아 희게"(7,14) 한 이들로 표현됩니다. 겉옷을 희게 만들었다는 것은 죄로부터 자유로워졌음을 뜻합니다. '예수 그리스도를 통해 구원받게 된 이들'이라는 표현과 큰 차이가 없습니다.

이어 구약성경의 세 구절(이사 49,10; 시편 23,2; 이사 25,8)을 차례로 인용합니다(7,15-17). 이 인용 구절들을 통해 하느님께서 이들을 보호하고 지켜 주실 것임을 강조합니다. 특히 "하느님께서는 그들의 눈에서 모든 눈물을 닦아 주실 것이다"(7,17; 참조 이사 25,8)라는 구절에서 이 점이 잘 드러납니다.

7장에 나오는 '선택받은 하느님의 백성'에 대한 환시는 요한 묵시록에서 상당히 중요합니다. 이 대목이 전체 내용을 이해하는 데 결정적 역할을 하기 때문입니다. 요한 묵시록은 전체적으로 재앙에 대한 환시를 주로 다룹니다. 그래서 자칫하면 하느님의 재앙을 전하는 책으로 오해할 수 있습니다.

저자는 7장의 환시를 통해 지금까지 보여 준 재앙과 앞으로 오게 될 재앙은 세상의 모든 사람에게 해당하는 것이 아니라 하느님을 반대하는 이들을 향한다는 점을 알려 줍니다. 재앙을 전하는 여섯째 봉인에 대한 환시 다음에 나오는, '선택받은 하느님의 백성'에 대한 이 환시는 재앙의 방향을 잘 보여 줍니다. 하느님을 믿고 박해 속에서도 믿음을 지키는 이들에게 전해지는 환시는 그들의 구원을 미리 보여 주는 것입니다. 그렇기에 이 환시는 지금 박해받는 처지에 놓여 있지만 믿음을 간직한 이들에게 희망과 위로를 줍니다. 이것은 요한 묵시록 전체의 맥락과도 잘 이어집니다.

09

일곱째 봉인과 여섯 나팔(8,1-9,21)

일곱째 봉인은 봉인에 대한 환시의 마지막으로서, 일곱 나팔에 대한 환시와 직접 맞물려 있습니다. 일곱째 봉인은 새롭게 일곱 나팔에 의한 재앙을 이끄는 것으로 묘사됩니다. 어린양이 일곱째 봉인을 뜯자 하늘에 침묵의 시간이 흘렀다고 말합니다(8,1). 성경에서 침묵의 시간은, 새로운 일을 앞두고 준비하는 시간을 의미합니다. 구약성경에서 침묵의 시간은 하느님의 발현과 함께 새로운 사건이 시작하는 장면에서 찾을 수 있습니다(하바 2,20; 즈카 2,17). 이 시간이 지난 후 일곱 나팔에 대한 환시가 본격적으로 시작됩니다.

나팔로 인한 재앙은 환시 안에서 점진적으로 확대되고 강해집니다. 정점은 일곱째 나팔에서 찾을 수 있습니다. 이 환시는 재앙을 직접적으로 묘사하는 것이 아니라 하느님의 통치가 이 세상에 부분적으로 이미 시작되었다는 사실과 예수 그리스도의 심판이 시작된다는 사실을 알려 줍니다.

처음 네 나팔에 대한 환시

나팔과 함께 재앙에 대한 환시가 본격적으로 시작되기 전에, 재앙을 준비하는 일종의 서문과 같은 성격을 지닌 '들어가는 환시'가 먼저 나옵니다(8,2-6). 이 환시에서 저자는 일곱 천사들에게 각각 나팔이 주어졌다고 합니다. '주어졌다'는 수동태는 지금 벌어지고 있는 재앙의 기원을 설명합니다. 보통 '-로부터'라는 표현이 문장에 없는 경우, 의미상의 주어가 하느님인 경우가 많기 때문에 이것을 신적 수동태(passivum divinum)라고 부르기도 합니다. 요한 묵시록에서도 이러한 예를 어렵지 않게 찾을 수 있습니다.

여기 등장하는 일곱 천사는 토빗기에 나오는 일곱 대천사를 의미하는 것처럼 보입니다(토빗 12,15 참조). 또 이들에게 주어진 나팔(또는 트럼펫)은 구약성경에서 이미 '주님의 날'(요엘 2,1; 스바 1,16)이나 종말의 때를 알리는 도구로 사용됩니다(이사 27,13; 즈카 9,14). 나팔을 이렇게 상징적인 의미로 사용하는 예는 신약성경에서도 찾을 수 있습니다(1테살 4,16-17).

제단을 중심으로 표현된 향에 관한 환시는 지상의 성전에서 거행되는 하느님을 경배하는 예식에 부합합니다. 이런 묘사는 하늘에 있는 성전 역시 하느님을 경배하는 예식이 이루어지는 곳이라는 점에서 지상의 성전과 다르지 않다는 것을 보여 줍니다. 향이 담긴 금 대접은 이미 성도들의 기도로 표현된 바 있고(5,8), 이제 천사들의 손을 거쳐 향이 타올라 그 연기가 하느님 앞으로 올라가는 것처럼, 성도들의 기도 역시 하느님께 이른다는 내용을 이미지로 형상화합니다. "숯불을 가득 담아 땅에 던졌습니다"(8,5)라는 것은 에제 10,2처럼 재앙을 가져오는 상징적인 행위입니다. 그리고 이런 모습은 성전에서 번제를 바치는 제단을 떠올리게 합니다. 이것은 요한 묵시록 저자가 성전에서 이루어지던 (희생) 제사에 대해 잘 알고 있었다는 사실을 반증합니다.

일곱 나팔의 환시는 공통적으로 일정한 틀 안에서 묘사됩니다. 우선 '천사가 나팔을 불자'라는 표현으로 재앙에 대한 환시를 시작하고, 이어서 나팔을 통해 주어질 재앙을 구체적으로 묘사하며, 마지막에는 재앙의 결과를 설명합니다.

봉인에 대한 환시와 마찬가지로 나팔에 대한 환시 역시 처음 네 나팔에 대한 내용을 묶어서 표현합니다. 첫째 나팔은 하늘에서 "피가 섞인 우박과 불"(8,7)이 땅에 떨어지는 환시입니다. 이 일로 땅과 나무의 삼분의 일이 타버렸습니다. 이 환시는 이집트에 내린 일곱째 재앙(탈출 9,23-26 참조)과 비슷합니다. 요엘 3,3은 이와 비슷한 내용을 주님의 날이 오기 전에 선행되어야 할 표징으로 말합니다. 여기서 생각해 볼 것은 재앙의 확장입니다. 일곱 봉인에서 나타나는 재앙은 "땅의 사분의 일"(6,8)에 해당하였는데, 이제 그 영향이 삼분의 일로 커지기 때문입니다. 첫째 나팔 소리와 함께 시작된 재앙에 나오는 '나무와 푸른 풀'이라는 표현에서 이 재앙이 땅에서 나는 양식과 관련되어 있음을 알 수 있고, 앞으로 인간에게 필요한 양식이 부족하게 될 것을 짐작할 수 있습니다.

둘째 나팔은 바다에 내리는 재앙입니다. 바다의 삼분의 일이 피가 되고, 바다 생명체의 삼분의 일이 죽고 배들의 삼분의 일이 부서집니다(8,8-9). 이 재앙은 부분적으로 이집트에 내린 첫째 재앙, 곧 나일 강이 피로 변하는 재앙(탈출 7,20-25 참조)을 생각하게 합니다. 이 재앙 역시 인간에게 필요한 환경을 향하고 있습니다. 배가 부서지고 바다 피조물이 죽는다는 것이 정확히 무엇을 말하는지 밝히기는 어렵지만, 첫째 재앙이 땅의 소출과 관계된 것이라면, 둘째 재앙은 바다와 관련된 사람들의 행위나 바다에서 나는 소출과 연관됩니다.

셋째 나팔은 물과 관련됩니다. 큰 별이 하늘에서 떨어져 강과 샘의 삼분의 일을 덮칩니다(8,10-11). 여기에 나오는 '쓴 흰쑥'은 구약성경에서 쓴 풀을 나타내거나 독초와 비슷한 것으로 등장합니다(잠언 5,4; 예레 9,14 참조). 그리고 이 표현은 물을 마실 수 없는 상태를 가리킵니다. 이 재앙을 통해 해를 입는 것은 마실 물입니다. 땅에서 나는 양식과 바다의 생물이 피해를 입은 데 이어, 이제 사람에게 반드시 필요한 마실 물이 피해를 입습니다.

넷째 나팔은 어두움의 재앙입니다. 빛을 내는 해와 달과 별이 빛을 잃어 낮이나 밤이 더욱 어두워집니다(8,12). 이 재앙은 이집트에 내린 아홉째 재앙인 '어둠'(탈출 10,21-23)에 상응합니다. 그리고 어둠 역시 사람이 살아가는 데 절대적으로 필요한 빛의 상실을 묘사합니다. 첫 네 재앙은 모두 인간의 삶과 직접 관련된 것입니다. 땅의 양식과 바다의 소출, 그리고 물과 빛이 부족하다는 것은 이제 하느님의 재앙이 좀 더 직접적으로 그리고 점진적으로 확대되고 있음을 알려 줍니다. 게다가 아직도 남은 불행을 일러 주는 독수리의 외침이 울려 퍼집니다. 아직 재앙이 끝나지 않았기 때문입니다.

나머지 두 나팔에 대한 환시

요한 묵시록은, 일곱 봉인에 대한 환시와 마찬가지로 나팔의 환시 역시 첫 네 나팔에 의한 재앙과 그 이후의 재앙을 구분합니다. 8,13에서 저자는 땅의 주민들을 향해 세 번 외치는 독수리를 봅니다. 독수리는 유다 묵시문학에서 전령 역할을 합니다. 여기서 말하는 땅의 주민들은 요한 묵시록의 맥락 안에서 '믿지 않는 이들'을 가리키며(6,10; 11,10; 13,8.12.14; 17,2.8), 앞으로 다가올 심판의 대상입니다.

9장부터 다섯째 나팔의 환시가 나옵니다. 다섯째 나팔로 인한 재앙은 메뚜기에 대한 환시입니다. 메뚜기는 이미 이집트에 내린 여덟째 재앙(탈출 10,12-20 참조)에 등장한 바 있습니다. 앞에 나온 재앙들과 비교해 볼 때 다섯째 재앙은 좀 더 직접적으로 인간을 향한다고 말할 수 있습니다. 이전까지는 간접적으로 인간에게 영향을 미치는 자연과 환경에 내리는 재앙이었지만, 이제부터는 인간을 향한 재앙이 본격적으로 시작됩니다. "하늘에서 땅으로 떨어진 별"(9,1)은 하느님의 위임을 받아 하늘에서 땅으로 내려온 천사를 비유적으로 표현한 것으로 보입니다. 왜냐하면 20,1에서도 지하의 열쇠를 가진 천사를 같은 이미지로 표현하기 때문입니다. '지하'는 성경에서 일반적으로 죽음 후에 머무는 장소를 말하지만(시편 71,20; 로마 10,7) 요한 묵시록에서는 악령이 머무는 곳을 의미합니다(루카 8,31; 2베드 2,4). 지하는 보통 불길에 휩싸여 있고 항상 닫혀 있는 장소로 여겨졌습니다. 이런 지하로 가는 길이 열리면 불로 인한 연기가 지상으로 올라온다는 것이 일반적인 생각이었고 이런 이미지는 종말에 일어날 일들을 묘사하는 데 사용됩니다. '풀과 푸성귀나 나무는 해치지 말라'는 명령은 다섯째 재앙을 가져오는 메뚜기들이 우리가 알고 있는 자연 상태의 메뚜기가 아니라는 점을 암시합니다. 메뚜기들에게 주어진 권한은 "하느님의 인장이 찍히지 않은 사람들만 해치라"(9,4)는 것입니다.

이 재앙을 통해 지금까지, 그리고 앞으로 이어질 하느님의 재앙이 향하는 방향이 명확해집니다. 이미 선택받은 이들의 환시에서 보았던 것처럼, 요한 묵시록 저자는 재앙이 모든 사람을 향하지 않고 악의 세력에 동조한, 달리 말하면 하느님을 반대하는 이들을 향한다고 말합니다. 여기에서 그 점이 명확하게 표현됩니다. 하지만 다섯째 재앙은 완결된 것이 아닙니다. 메뚜기들에게 주어진 권한이 사람을 죽이는 것이 아니라 다섯 달 동안 사람들에게 고통을 주는 것이기 때문입니다. 일부 학자들은 여기 나오는 다섯 달이 메뚜기가 실제로 살아가는 주기를 반영한다고 생각합니다. 메뚜기가 봄부터 여름까지 발견되기 때문입니다.

메뚜기들은 지하의 사자인 아바똔, 곧 아폴리온을 임금으로 섬기고 있다고 표현됩니다. 저승 또는 지하 세계를 나타내는 히브리어 아바똔을 그리스어로는 아폴리온('부패' 또는 '파괴하는 자')이라 일컫습니다. 두 단어 모두 생명과 반대되는 이미지를 가집니다. 여기서 생각해 볼 것은 하느님의 힘이 지하 세계에도 미친다는 점입니다. 하느님께서 허락하지 않으시면 지하 세계의 세력들은 지상으로 올라올 수 없기 때문입니다.

여섯째 나팔은 더욱 강화된 환시입니다. 조금 전에 보았던 메뚜기들에게는 사람을 죽이는 권한이 주어지지 않았지만, 네 천사에게는 사람들의 삼분의 일을 죽이는 권한이 주어집니다. 여기서 사람들을 죽음에 이르게 하는 구체적인 요인은 "불과 연기와 유황"(9,18)인데, 전통적으로 하느님의 벌을 나타내는 것입니다.

여섯째 나팔의 환시 마지막에 중요한 표현을 찾을 수 있습니다. "이 재앙으로 죽임을 당하지 않은 나머지 사람들도 저희 손으로 만든 작품들을 단념하지 않았습니다"(9,20). 성경에서 '사람들의 손으로 만든 것'은 우상을 가리키는 전형적인 표현입니다. 우상은 하느님에게서 기원하지 않으며, 사람에 의해 만들어진 것임을 강조합니다. 이것은 세상과 사람을 창조하신 하느님과 사람이 만든 우상을 대조시키는 표현입니다. "그들은 또한 자기들이 저지른 살인과 마술과 불륜과 도둑질을 회개하지도 않았습니다"(9,21).

이 두 표현은 요한 묵시록에 나타나는 재앙들이 무엇을 위한 것인지 알려 줍니다. 하느님의 재앙은 믿지 않는 이들, 믿는 이들을 박해하는 사람들, 하느님께 맞서는 세력에 동조하는 이들을 향해 있고, 이 재앙의 목적은 그들의 회개입니다.

이런 점에서 그들을 한 번에 심판하지 않고 여러 차례 재앙을 내리는 것은 하느님을 반대하는 이들에게 회개의 시간을 주는 것이라 할 수 있습니다. 그 시간이 지나면 회개를 위한 기회는 더 이상 주어지지 않을 것입니다. 물론 선택받은 이들 편에서도 이 회개의 기회가 고통의 시간일 수 있지만, 하느님의 뜻은 잘못된 길을 선택한 이들에게 회개의 가능성을 남겨 두는 데 있다고 할 수 있습니다.

10

천사와 작은 두루마리(10,1-11)

일곱 봉인의 환시처럼 일곱 나팔에 대한 환시에서도 역시 여섯째 나팔 이후에 성격이 다른 하나의 환시가 자리하고 있습니다. 이 환시는 '작은 두루마리와 두 증인'에 대한 것입니다. 10장은 천사에 대한 소개와 함께 시작됩니다. "큰 능력을 지닌 천사"(10,1)라는 표현에서 우리는 가브리엘 대천사를 떠올릴 수 있습니다. 히브리어에서 이 천사의 이름은 능력이나 힘, 또는 강함을 나타냅니다. 비록 본문에 명시적으로 가브리엘이라는 이름은 나오지 않지만 "큰 능력"이라는 표현이 가브리엘 천사를 나타낸다고 볼 수 있습니다. 이러한 표현에 맞게 이 천사는 거대한 모습으로 소개됩니다. "오른발로는 바다를 디디고 왼발로는 땅을 디디고"(10,2) 서 있다는 표현은, 이 천사의 능력이 지상 전체에 미치고 있음을 보여 줍니다(탈출 20,4.11; 시편 69,35 참조). 이 천사의 소리가 사자가 포효하듯 컸다고 하는데, 이는 구약성경의 다른 책에서 두려운 존재를 나타낼 때 쓰는 표현입니다(호세 11,10; 아모 1,2; 3,8 참조).

큰 능력을 지닌 천사와 일곱 천둥의 외침을 기록하려던 저자는 하늘에서 들리는 소리를 듣습니다. 일곱 천둥은 시편 29,3-9에 나오는 일곱 번에 걸쳐 표현된 하느님의 천둥과 같은 목소리를 그 바탕으로 하고 있습니다. 일곱 천둥으로부터 들려온 것은 봉인해 두어야 한다는 표현에서, 이것이 요한 묵시록을 구성해 나가는 일곱 봉인, 일곱 나팔, 일곱 대접의 환시와 관련된 것이라고 생각할 수 있습니다.

10,5-8은 작은 두루마리와 관련된 것으로 이 환시의 중심을 이룹니다. 능력을 지닌 천사가 맹세하기 위해 손을 쳐든다는 표현(다니 12,7 참조)이나 그 대상이 하늘과 땅과 바다의 모든 것을 만드신 창조주라는 표현(창세 14,22 참조)은 구약성경

에서도 찾을 수 있습니다. 천사의 맹세는 종말에 관련된 것으로, 종말 때에 하느님의 신비가 완전히 이루어진다고 합니다. 세 번에 걸쳐 저자에게 주어지는 하느님의 말씀은 10장을 이끌어 가는 역할을 합니다(10,4.8.11). 그리고 지금까지 일어난 사건들에 이어서 종말의 사건들이 완성을 향해 계속 진행될 것임을 나타냅니다.

   10장에 나오는 '작은 두루마리'는 5장의 어린양에 대한 환시에서 언급된 일곱 번 봉인된 두루마리와는 구분됩니다. 일곱 번 봉인된 두루마리가 요한 묵시록 전체를 이끌어 가는 것이라면, 여기에서 표현된 작은 두루마리는 앞으로 나올 '두 증인'에 대한 내용을 담고 있는 것으로 볼 수 있습니다. 이 두루마리가 꿀처럼 달다는 것은 앞으로 전해질 두 증인에 대한 환시가 믿는 이들에게 위로와 힘을 준다는 뜻이고, 배가 쓰렸다는 것은 그 내용 때문에 믿는 이들은 고난을 겪을 것임을 나타냅니다(10,8-10).

11

두 증인과 일곱째 나팔 (11,1-19)

두 증인

이어지는 환시는 두 증인에 관한 것입니다. 두 증인의 환시는 성전에 대한 언급으로 시작합니다. 이 언급의 바탕에 깔린 역사적 배경은 로마가 예루살렘을 파괴했던 유다 전쟁(66-70년)입니다. 여기서 성전과 제단, 그리고 성전 바깥뜰을 구분하는 것은 구원받을 이들과 그렇지 못한 이들을 나타내는 상징으로 볼 수 있습니다. "성전 안에서 예배하는 이들을 세어라"(11,1) 하는 명령은, 믿음을 가진 이들이 구원받을 것임을 나타냅니다. 성전이 침탈당할 것이라는 기간을 나타내는 마흔두 달과 증인들이 예언하는 천이백육십 일(11,2-3)은 모두 3년 반이라는 동일한 기간으로, 이 기간은 일시적인 시간, 즉 지나갈 시간임을 나타내는 상징이라 할 수 있습니다.

두 증인에 대한 표상은 즈카 4,2-14에 나오는 '성별된 두 사람'에서 찾을 수 있고, 그들을 올리브 나무와 등잔대에 비유하는 것 역시 즈카르야 예언서와 비슷합니다. 이들의 권한과 능력에 대해 설명하는 11,5-6은 엘리야 예언자가 하늘에서 불을 내려 반대자를 삼켜 버렸다는 것(2열왕 1,10.12 참조), 또 그가 예언하는 동안 하늘이 닫혀 비가 내리지 않았다는 것(1열왕 17,1 참조)을 기억하게 합니다. 그다음에 표현되는 "물을 피로 변하게 하고, 원할 때마다 온갖 재앙으로 이 땅을 치는 권한"(11,6)을 가졌다는 것은 명확하게 모세와 관련된 업적입니다. 이러한 내용은 이 두 증인이 모세나 엘리야와 같다고 말하려는 것이 아니라, 하느님으로부터 받은 능력으로 반대자들과 맞서 하느님을 증언한 모세와 엘리야처럼, 두 증인 역시 그들의 권한과 능력으로 그리스도를 증언할 것임을 일러 줍니다. 하느님께서는 구약의 가장 위대한 예언자 두 명을 통해 당신의 구원 역사를 이끄신 것처럼, 이제 그리스도를 통해 절정에 이를 구원 역사를 종말의 완성으로 이끌어 가시는 데 두 증인을 쓰신다고 암시합니다. 이러한 사실은 11,8에 언급된 예수님의 십자가 죽음에서 더욱 뚜렷해집니다.

  11장 전체에서 저자는 믿는 이들이 하느님의 보호를 받을 것이며, 반대자들의 박해로 죽음을 맞더라도 그것이 끝이 아니고, 그리스도께서 승리하신 것처럼 하느님을 증언하는 이들 역시 부활과 승천의 영광에 참여하게 되리라는 것을 두 예언자의 환시를 통해 보여 줍니다. 결국 두 증인에 대한 환시는 7장에서 살펴본 바 있는 '선택된 이들'의 환시와 같은 역할을 합니다. 재앙에 대한 환시들이 이어지는 가운데, 내용과 성격이 전혀 다른 구원을 약속하는 이 환시가 나오는 것은 믿는 이들에게 위로와 희망을 주기 위한 것입니다.

일곱째 나팔

일곱째 나팔에 대한 환시는 일곱째 봉인처럼 새로운 재앙을 묘사하지 않고 이전에 언급된 나팔로 말미암은 재앙에 대한 응답으로 이루어집니다. 이제 재앙을 통해 점진적으로 진행되던 종말의 과정이 완성될 때가 되었음을, 결정적인 마지막 때가 되었음을 선포합니다. 그리고 이제 마지막으로 주어질 재앙, 곧 일곱 대접에 대한 환시를 준비하는 역할을 합니다. 하느님의 진노가 믿는 이들에게는 상으로, 반면에 하느님을 반대하는 이들에게는 파멸을 가져오는 것으로 드러나는데, 심판의 이미지 안에서 표현됩니다. 앞으로 하느님의 진노는 15-16장에 나오는 일곱 대접에 대한 환시에서, 반대자들의 파멸에 대해서는 17-18장에서 구체적으로 다뤄집니다.

12

여인과 용 (12,1-17)

여인의 적대자 용

12장은 "태양을 입고 발밑에 달을 두고 머리에 열두 개 별로 된 관을 쓴 여인"(12,1)의 모습으로 시작합니다. 이 표현은 창세 37,9에 나오는 요셉의 꿈을 연상하게 합니다. 그 꿈에서 해와 달은 요셉의 부모를, 열한 개의 별은 요셉의 형제들을 의미합니다. 또 여인의 이미지는 구약성경에서 믿는 이들을 나타내는 상징으로 사용되기도 합니다. 이렇듯 비유적 의미로 사용된 여인의 모습은 '열두 개로 된 관'이라는 표현에서 좀 더 구체적으로 드러납니다. 여기서 사용된 열두 별은 이스라엘의 열두 지파를 나타내는 상징입니다. 또 '관'(stéphănos)은 일반적으로 승리를 나타내는 상징이고, 특히 요한 묵시록에서는 '종말에 성취하게 될 승리'를 표현합니다.

"그 여인은 아기를 배고 있었는데, 해산의 진통과 괴로움으로 울부짖고 있었습니다"(12,2)라고 하여, 해산이 임박했음을 알립니다. 이 여인의 적대자로 등장하는 존재는 용입니다. 이미 살펴보았던 것처럼 '붉은 용'은 피와 관련되어 있습니다. 용의 활동이 아직 구체적으로 표현되지 않았지만 '붉다'는 표현에서 용이 사람들을 피 흘리게 하는 역할을 한다고 볼 수 있습니다. 이 용은 "머리가 일곱이고 뿔이 열이었으며 일곱 머리에는 모두 작은 관"(12,3)을 쓰고 있습니다. 용은 여인이 낳는 아이를 없애고자 여인 곁에서 기다립니다. 이러한 상황에서 여인은 사내아이를 낳습니다. 이 사내아이는 "쇠 지팡이로 모든 민족들을 다스릴 분"(12,5)으로 소개됩니다.

여인이 아이를 낳자 아이는 하느님께로 들어 올려지고 여인은 하느님의 보살핌을 받습니다. 여인이 보호를 받은 총 기간은 "천이백육십 일"(12,6)과 "일 년과 이 년과 반 년"(12,14)

입니다. 수에 대한 상징에서 본 것처럼 '천이백육십 일'은 3년 반을 의미하고, '일 년과 이 년과 반 년'(12,14) 역시 이와 동일합니다. 그리고 7이라는 숫자의 반에 해당하는 3과 1/2은 영원하지 않은 시간, 곧 잠시 후면 지나갈 시간을 나타냅니다. 그렇기에 여인이 하느님의 보살핌을 받는 기간은 그리 길지 않을 것이며, 곧 지나갈 것이라는 의미가 이 숫자들 안에 담겨 있다고 할 수 있습니다.

이와 함께 하늘에서는 미카엘과 그의 천사들, 그리고 용과 그의 부하들 사이에 전쟁이 벌어집니다. 용과 부하들은 이 전쟁에서 패합니다. 이렇게 자신의 목적을 달성하지 못한 용은 여인을 쫓아가 해치려고 하지만 그 계획도 무산됩니다. 마지막으로 용은 여인의 후손들을 괴롭히기 위해 떠나갑니다. 이 용에 대해 요한 묵시록은 "그 옛날의 뱀, 악마라고도 하고 사탄이라고도 하는 자"(12,9)라고 소개합니다.

'여인'이 상징하는 것은?

가장 먼저 사람들의 관심을 끄는 것은 '과연 이 여인이 무엇을 나타내는가?' 하는 점입니다. 우선 생각해 볼 수 있는 해석은 여인을 마리아와 동일시하는 것입니다. 이 해석은 가톨릭교회에서 큰 지지를 받고 있습니다. 여기서 한 가지 염두에 두어야 할 점은 쇠 지팡이로 다스리는 사내아이가 메시아를 나타낸다는 점입니다. 결국 이 해석은 여인을 마리아로, 사내아이의 출산을 예수 그리스도의 탄생으로 이해하고 있는 것입니다. 이러한 해석은 여인의 이미지가 한 개인을 나타낸다고 생각할 때 가능합니다. 하지만 구약성경에서 많은 경우 여인의 이미지는 한 개인이 아니라 이스라엘 백성 전체를 나타내는 상징으로 쓰인다는 점에서 잘 들어맞지 않는 부분도 있습니다.

그다음으로 많이 대두되는 해석은 여인을 구약과 신약에서 언급하는 '**구원의 공동체**'로 이해하는 것입니다. 이 경우에는 메시아가 구약의 이스라엘 백성에게서 태어났다는 점이 중요합니다. 그리고 구약의 이스라엘 백성은 신약의 열두 사도 공동체로 이어지고 지속된다는 점에서 이 여인을 구원의 공동체로 이해할 수 있습니다. 그 여인의 나머지 후손들, 곧 용이 마지막으로 싸우고자 하는 이들은 그 구원의 공동체에 속하게 된, 요한 묵시록이 쓰일 당시 고통받고 있는 그리스도인들로 이해합니다.

미카엘 대천사와 용의 싸움은 종말에 있을 하느님과 악의 세력 간의 싸움으로 이해할 수 있습니다. 왜냐하면 미카엘 대천사는 하느님의 백성을 수호하는 천사로 인식되어 왔으며, 그의 역할이 종말 때에 하느님을 반대하는 자들과 싸우는 것으로 구약성경에 나오기 때문입니다(다니 10,13.21; 12,1-3 참조). 그렇기에 저자가 용에 대해 "그 옛날의 뱀"이라고, 첫 인간들의 원죄에 등장하는 뱀과 동일하게 생각하고 있는 점에서 용은 하느님의 반대편에 서 있는 악의 세력을 나타내는 상징이라 하겠습니다.

이제부터 이야기의 흐름은

여인과 용의 환시가 담겨 있는 12-14장의 환시는 요한 묵시록이 전하는 전체 환시에서 중심에 놓여 있습니다. 이 단락에서 로마 제국에 대한 상징과 그리스도를 따르는 교회 공동체는 서로 대조를 이룹니다. 이제부터 요한 묵시록의 환시들은 마지막에 이루어질 재앙과 심판을 향해 전개됩니다. 이 단락 이후에 오는 것은 '일곱 대접'(16,1; 21,9)을 통해 드러낼 재앙입니다. 이 재앙 이후에는 회개할 수 있는 시간이 더 이상 남아 있지 않습니다. 마지막 재앙 이후에는 오로지 그리스도의 재림과 심판만이 남아 있기 때문입니다.

12장의 마지막 부분에는 용이 바닷가에 자리를 잡았다는 내용이 나옵니다. 이 마지막 절은 오히려 13장의 시작과 더 잘 어울립니다. 왜냐하면 앞으로 보일 환시에 등장하는 첫째 짐승 역시 바다에서 올라오기 때문입니다. 고대사회에서 바다는 레비아탄과 용이 머무는 장소이고, 이들은 모두 악마의 이미지를 나타냅니다(시편 74,14; 104,26; 이사 27,1; 에제 32,2). 이러한 생각은 21,1에서 새롭게 만들어질 세상에 대한 표현에서도 찾아볼 수 있습니다. "첫 번째 하늘과 첫 번째 땅은 사라지고 바다도 더 이상 없었습니다." 이제 새로운 세상에서 악마의 세력은 사라질 것입니다.

지금까지 나온 환시들이 재앙을 통해 사람들에게 회개를 촉구하는 성격이 강했다면, 이제부터 나오는 요한 묵시록의 환시는 종말 사건을 향해 갑니다.

13

두 짐승(12,18-13,18)

"그리고 용은 바닷가 모래 위에 자리를 잡았습니다"(12,18). 12장의 마지막 구절은 하늘 전투에서 패한 용이 지상에 있는 여인의 후손들, "하느님의 계명을 지키고 예수님의 증언을 간직하고 있는 이들"(12,17)과 싸우기 위해 바닷가에 자리 잡았다고 말합니다. 이미 언급한 것처럼 고대사회에서 바다는 악의 세력이 머무는 곳을 상징합니다. 이어지는 환시 역시 바다를 배경으로 진행됩니다. 13장에 나오는 두 짐승에 대한 환시는 다니 7,2-7에 언급된 네 짐승의 환시를 상기시킵니다.

다니엘서에서 네 짐승은 네 제국(신바빌로니아, 메디아, 페르시아, 알렉산드로스)을 나타내는 상징으로 사용됩니다. 이와 마찬가지로 요한 묵시록의 두 짐승 역시 당시의 정치 세력을 나타내는 상징입니다.

첫째 짐승의 정체

첫째 짐승은 뿔이 열이고 머리가 일곱입니다. 외형은 사자의 입을 가진 표범 같다고 합니다. 이러한 묘사는 그 짐승이 용과 관련되어 있음을, 좀 더 구체적으로 용의 권력을 대신하는 악의 세력임을 드러냅니다. 첫째 짐승의 일곱 머리는 로마를 나타내는 상징으로 볼 수 있습니다. 로마가 현재에도 – 비록 지금은 도시가 지속적으로 세워지면서 높이를 가늠하기 어려운 곳도 있지만 – 그 흔적을 찾아볼 수 있는 일곱 개의 언덕(아벤티노*Aventino*, 캄피돌리오*Campidoglio*, 첼리오*Celio*, 에스퀼리노*Esquilino*, 팔라티노*Palatino*, 퀴리날레*Quirinale*, 비미날레*Viminale*)을 중심으로 형성된 도시이기 때문입니다. 또한 뿔 열 개는 로마를 통치하던 황제 열 명을 나타내는 상징으로 이해할 수 있습니다(17,12 참조).

첫째 짐승의 "머리 가운데 하나가 상처를 입어 죽은 것 같았지만 그 치명적인 상처가 나았습니다"(13,3)라는 구절은 로마 황제 중 한 사람을 가리키는 것으로 볼 수 있습니다. 그 황제가 누구인지 명확하지는 않지만, 네로 황제(Nero Claudius Caesar Augustus Germanicus)를 가리킨다고 추측합니다. 실제로 요한 묵시록이 쓰일 당시 사람들 사이에 퍼져 있던 전설 중 하나가 '네로의 귀환'(Nero Redivivus)입니다. 네로는 68년 6월에 자살한 것으로 알려져 있는데, 이 전설에서는 정치적으로 황제권을 지키기 어려웠던 네로가 자살한 것처럼 꾸미고 평소 친분이 두터웠던 파르티아(페르시아)로 도피했다가 군대를 이끌고 다시 로마로 진격해 옵니다.

요한 묵시록의 저자는 '죽은 것 같아 보였던 머리'(13,3)라는 표현을 통해 이 전설의 내용을 암시하는데, 이 상징적 표현과 "살해된 어린양"(13,8)에 대한 묘사가 상반됩니다. 요한 묵시록 저자는 이처럼 비슷하지만 조금 다른 표현을 사용해 두 가지 상징을 서로 비교하여 반대되는 의미로 이해하도록 이끕니다.

이 첫째 짐승은 용, 곧 사탄으로부터 권한을 위임받아 지상에서 하느님을 반대하는 세력의 우두머리 역할을 합니다. 사람들이 용뿐만 아니라 이 짐승에게도 경배했다는 표현에서 이것들이 우상 숭배의 대상임을 알 수 있습니다. 그러면서 사람들은 "누가 이 짐승과 같으랴? 누가 이 짐승과 싸울 수 있으랴?"(13,4) 하고 말합니다. 이 표현에서 가장 먼저 떠오르는 존재는 12장에 나왔던 미카엘 대천사입니다. 그의 이름이 '누가 하느님과 같으랴?'라는 의미를 갖기 때문입니다. 또한 이 수사학적인 표현은 구약성경에서 하느님의 전능을 나타내는 데 사용되었습니다.

"주님, 신들 가운데 누가 당신과 같겠습니까? 누가 당신처럼 거룩함으로 영광을 드러내고 위업으로 두렵게 하며 기적을 일으키겠습니까?"(탈출 15,11). 하느님을 모독하는 일을 수행하는 이 첫째 짐승은 지상에서 활동하는 악의 세력의 우두머리로 소개됩니다. 하지만 이들에게 주어진 기간은 단지 마흔두 달 곧 3년 반을 의미하며, 완전을 나타내는 숫자 7의 반에 해당하는 것으로 완전하지 못한, 다시 말해 곧 지나갈 시간을 의미합니다.

둘째 짐승의 정체

다음에는 둘째 짐승이 등장합니다. 이 짐승은 땅에서 올라오는데, 이후 거짓 예언자로 드러납니다(16,13; 19,20; 20,10). 둘째 짐승이 '어린양처럼 뿔이 둘이었고 용처럼 말을 했다'는 묘사(13,11)에서 어린양이 상징하는 그리스도의 적, 곧 세상 사람들을 현혹시키는 거짓 그리스도를 상징하는 존재로 이해할 수 있습니다. 둘째 짐승의 가장 큰 활동은 첫째 짐승의 권한을 받아 사람들이 첫째 짐승을 경배하도록 하는 일입니다. 이것은 역사적으로 재위 중인 황제가 선임 황제를 숭배하도록 요구했던 사실을 나타내고, 이를 위해 소아시아 지방에 압력을 행사했던 것과도 연관이 있습니다. 둘째 짐승이 표징을 통해 사람들을 속였다는 요한 묵시록의 내용은 신약성경의 다른 책에 나오는 '종말에 나타날 거짓 예언자'와 비슷합니다(마르 13,21-23; 2테살 2,2 참조). 상징적인 의미와 내용에서도 둘째 짐승은 사람들을 속이는 거짓 예언자로 묘사됩니다.

이 둘째 짐승은 첫째 짐승을 경배하는 사람들에게 표를 부여합니다. 이 표는 앞에서 '하느님께 선택된 이들'이 이마에 받은 인장(7장)과 반대되는 것입니다. 이렇듯 요한 묵시록 저자가 두 짐승의 모습과 활동을 묘사할 때 사용하는 표현은 하느님과 어린양에게 사용한 표현과 비슷합니다. 이를 통해 두 짐승이 용의 대리자로 어린양과 비슷한 모습을 하고 활동하지만, 그리스도가 아니라 그리스도의 적대자임을 강조합니다.

둘째 짐승이 부여하는 표는 육백육십육으로 어떤 사람을 가리키는 상징입니다. 이에 대한 해석은 다양하지만 일반적으로 네로 황제를 지칭하는 숫자로 이해합니다. 히브리어로 '네로 황제'를 쓰고 그 철자가 나타내는 수를 더하면 666이 됩니다. 고대사회에서 알파벳의 각 철자는 고유한 수를 나타내는데 이 숫자를 네로 황제를 나타내는 상징으로 사용한 것입니다. 또는 완전함을 나타내는 7이라는 숫자와 연관시켜 단순하게 이해하기도 합니다. 7에서 하나 모자라는 6은 보통 불완전함을 의미하고, 666은 불완전한 숫자가 세번 중복된 것으로 봅니다. 이 숫자가 상징적으로 네로 황제를 지시하건, 아니면 악의 세력의 불완전함을 강조하는 의미이건, 중요한 것은 그리스도의 적대자를 나타내는 숫자라는 사실입니다.

14

어린양과 그의 백성(14,1-5)

"어린양이 시온산 위에 서 계셨습니다"(14,1). 여인과 용에 대한 환시 다음에 나오는 환시는 어린양과 함께 있는 십사만 사천 명에 대한 것입니다. 7장에서도 나왔던 십사만 사천 명은 우리가 알고 있듯이 구원받게 될 신앙인들, 곧 박해 중에도 신앙을 간직하며 하느님의 말씀을 따라 살고 있는 모든 신앙인을 의미합니다. 이 환시는 시온산 위에 서 있는 어린양을 소개하며 시작합니다.

구원받은 십사만 사천 명

어린양이 서 있는 시온산은 이미 구약성경에서부터 구원의 장소로 표현되는 곳입니다. 하느님의 구원이 시온에서 이루어질 것이라는 계시는 구약성경에서 어렵지 않게 찾아볼 수 있습니다. 시온산과 관련해서 요한 묵시록의 내용과 가장 잘 어울리는 구절은 요엘 3,5입니다. "그때에 주님의 이름을 받들어 부르는 이는 모두 구원을 받으리라. 주님께서 말씀하신 대로 시온산과 예루살렘에는 살아남은 이들이 있고 생존자들 가운데에는 주님께서 부르시는 이들도 있으리라." 사실 시온산과 예루살렘은 크게 다르지 않습니다. 지금도 예루살렘에서 시온산을 찾을 수 있습니다. 그럼에도 예루살렘보다 시온산을 구원이 이루어지는 장소로 언급하는 가장 큰 이유는, '산'은 구약성경에서부터 하느님의 뜻이 계시되고 하느님의 영광이 드러나는 장소라는 의미를 갖기 때문입니다.

어린양과 함께, 이마에 어린양과 하느님의 이름이 적힌 십사만 사천 명이 서 있다는 것은 이미 이들이 구원에 참여하고 있음을 의미합니다. 7장과 14장에 나타난 이 구원받은 이들에 대한 환시는 중요합니다. 특히 요한 묵시록이 박해 상황을 배경으로 하여 쓰였음을 생각할 때, 십사만 사천 명이 이미 구원받은 모습으로 표현된다는 것은 역설적이기 때문입니다. 이 사람들은 지금 환난과 박해 중에 살아가지만 이미 구원받아 벌써부터 구원에 참여하고 있는 것입니다. 이들은 "동정을 지킨 사람들로서 여자와 더불어 몸을 더럽힌 일이 없습니다"(14,4). 여기에서 '동정을 지킨다는 것'은 성적性的 절제라는 상징을 통해 이들이 지키고 있는 믿음을 나타낸 것입니다. 또한 '몸을 더럽히지 않았다'는 것은 상징적 의미에서 '불륜'과 반대되는 표현입니다. 성경은 하느님과 그의 백성, 그리고 예수님과 교회 공동체의 관계를 혼인 관계로 묘사합니다. 구약은 하느님의 백성을 '시온의 딸'로, 신약은 믿는 이들의 공동체를 신랑을 기다리는 '신부'의 이미지로 표현합니다. 이러한 혼인 관계를 무너뜨리는 모든 행위가 '불륜'에 해당합니다. 다시 말하면 하느님과의 계약 관계를 깨는, 곧 우상 숭배 같은 행위가 상징적 의미에서 불륜에 해당합니다. 결국 14장의 이 표현은 '믿음을 지켜 가며 우상 숭배를 하지 않은 이들'을 나타내는 것으로 이해할 수 있습니다.

15

바빌론에 대한 심판 예고(14,6-20)

이 환시 이후에 심판에 대한 예고를 전합니다. 심판의 대상은 '바빌론'입니다. 바빌론 또는 바빌로니아는 이스라엘 민족의 유배와 관련된 나라입니다. 기원전 587년경 바빌론이 성전을 파괴하고 이스라엘 백성을 유배 보내면서 유다인들은 자신의 땅을 떠나 흩어져 살아야만 했습니다. 구약성경에서 바빌론은 우상 숭배와 악의 세력을 상징합니다. 특히 요한 묵시록에서 바빌론은 로마를 나타내는 상징으로 쓰입니다. 로마 역시 바빌론과 마찬가지로 기원후 70년에 성전을 파괴했기 때문입니다. 성전 파괴라는 공통점에서 요한 묵시록은 로마를 바빌론으로 표현하는데, 이러한 경향은 요한 묵시록이 기록된 연대를 생각할 때(39-40쪽 참조), 80년 이후에나 생겨난 것으로 볼 수 있습니다.

심판 예고는 세 천사에 의해 이루어집니다. 첫째 천사는 이 세상 전체에 선포될 "영원한 복음"(14,6)을 지니고 하느님의 위대하심을 선포합니다. 여기서 말하는 복음은 하나의 기쁜 소식, 곧 이미 선포된 하느님의 심판이 번복되지 않고 반드시 일어난다는 것입니다. 요한 묵시록의 문맥에서 이 복음은 예수님의 죽음과 부활에 대한 바오로 사도의 관점과는 차이가 있습니다. 심판은 이미 온 세상에 선포되었으므로 더 이상 회개나 보속을 요구하지 않고, 다가온 심판의 때를 강조합니다.

둘째 천사는 구약성경이 예언한(이사 21,9; 예레 50,2; 51,8 참조) 바빌론에 대한 심판이 이미 이루어졌음을 선포합니다. '대바빌론'이란 표현은 다니 4,27에서도 나오는데, 요한 묵시록에서는 우상 숭배와 악의 세력 또는 로마를 나타내는 상징으로 쓰입니다.

셋째 천사는 우상 숭배, 곧 황제 숭배 의식을 따르는 이들이 심판받을 것임을 예고합니다. 10절에 나오는 "하느님의 분노의 술"은 8절에서 언급된 '바빌론의 난잡한 불륜의 술'과 대조를 이룹니다. 구약성경에서도 '하느님의 분노의 술을 마신다'(시편 75,9; 예레 51,7 참조)는 표현은 심판을 나타내는 이미지입니다. 이어서 나오는 '불과 유황을 통한 고통'이라는 표현은 소돔과 고모라에 내린 심판을 생각하게 합니다. "주님께서 당신이 계신 곳 하늘에서 소돔과 고모라에 유황과 불을 퍼부으셨다"(창세 19,24). 불과 유황으로 하느님의 심판이 실현된다는 것은 유다교의 묵시문학에서도 찾을 수 있는 요소입니다. 구약성경에서 죄와 악을 상징하는 대표적 장소인 소돔과 고모라에 내린 심판과 같은 결과를 가져올 것이라는 예고는 우상 숭배가 얼마나 큰 죄인지를 보여 줍니다.

심판 예고 끝에는 다시 한번 죽음에 이르기까지 신앙을 지켜낸 이들에 대한 보상을 언급합니다. 그들은 이제 안식을 누리게 될 것입니다. "그들이 한 일이 그들을 따라가기 때문"(14,13ㄷ)입니다. 믿음을 지킨 이들의 행위는 결코 잊히거나 사라지지 않습니다. 여기서 우리는 하느님의 정의, 곧 하느님은 사람이 한 일에 대해 정의롭고 공정하게 판단하신다는 전통적인 생각을 엿볼 수 있습니다. 사람의 행위에 따른 결과가 주어진다는 것은 구약성경에서부터 이어지는 일관된 생각입니다.

   심판 예고는 수확에 대한 환시에서 절정에 이릅니다. 종말에 있을 심판을 주관하는 존재는 "사람의 아들 같은 분"(1,13)입니다. 포도 수확은 요엘 4,13을 바탕으로 하고, 복음서에서도 이는 종말에 있을 심판을 나타내는 데 사용됩니다(마태 13,39 참조). 무섭게 표현된 하느님의 분노와 진노는 이사 63,3을 바탕으로 합니다. 이 환시는 앞으로 다가올 그리스도의 마지막 심판을 예고합니다. 분노로 확을 밟고 확에서 피가 흘러나와 그 높이가 말고삐에까지 닿는다(14,20)는 것은 상당히 잔인한 표현이지만, 이는 하느님의 분노가 그만큼 크다는 것을 나타냅니다. '천육백 스타디온'을 흘러간 피는 상징적인 의미로 받아들일 수 있습니다. 스타디온은 거리를 나타내는 척도인데 지금의 도량형에 따라 환산하면 약 300킬로미터 정도입니다. 또 '천육백'에는 숫자 4가 두 번 반복됩니다(4×4×100). 이것은 '온 세상'을 의미합니다. 하느님 분노의 심판이 온 세상에 미칠 만큼 크고 또 두렵습니다. 믿음을 지키며 살아가고 또 믿음 때문에 죽어야만 했던 신앙인들에 대한 박해가 심해지면 심해질수록 하느님의 분노와 심판에 대한 표현 역시 더욱 강해집니다. 박해하는 이들에게는 경고가 되고, 신앙인들에게는 그만큼 어려운 현실을 이겨 내게 하는 힘이 될 수 있기 때문입니다. 이처럼 심판에는 두 가지 측면이 있습니다.

  마지막 일곱 대접을 통한 재앙을 표현하기 전에 심판을 예고하는 것은 더 이상 유예 가능성이 없다는 뜻입니다. 회개를 위해 지체할 시간이 더는 없습니다. 앞으로 닥칠 재앙이 지나고 나면 마지막 심판만이 있을 뿐입니다. 점진적으로 진행되는 재앙과 반복되는 심판 예고는 회개할 수 있는 시간을 열어 둡니다. 하지만 이제 그 시간도 얼마 남지 않았습니다.

16

일곱 대접(15,1-16,21)

"나는 또 크고 놀라운 다른 표징이 하늘에 나타난 것을 보았습니다. 일곱 천사가 마지막 일곱 재앙을 가지고 있었는데, 그것으로 하느님의 분노가 끝나게 될 것입니다"(15,1).

여기 나오는 '마지막 일곱 재앙'은 하느님을 반대하는 세력에 대한 하느님의 진노를 표현한다는 점에서 중요합니다. 그리고 일곱 대접(16장)에 의한 환시 전체를 요약해 주는 역할을 합니다. '하늘에 나타난 큰 표징'은 새로운 환시이자 중심이 되는 환시를 나타낼 때 사용합니다(12,1). 12장이 그리스도의 탄생과 사탄의 몰락, 그리고 믿는 이들이 하느님의 보호를 받게 될 것을 알린다는 점에서 중요한 환시라면, 일곱 대접의 환시는 세상에 대한 하느님의 진노를 표현하는 중요한 환시입니다. 이 단락에서 환시를 통해 강조되는 것은 하느님의 정의입니다.

마지막 일곱 재앙의 예고

15장은 일곱 대접의 환시를 본격적으로 시작하기 전에 미리 결과를 알려 주는 서곡과도 같습니다. 악의 세력을 물리치고 승리한 이들을 소개함으로써 지금 일어나고 있는 하느님의 분노와 심판이 어떤 결과를 가져올지 미리 알려 줍니다. 저자는 먼저 악의 세력에 승리한 사람들이 "유리 바다 같은 것"(15,2) 위에 서 있는 모습을 봅니다. 앞에서도 "수정처럼 보이는 유리 바다 같은 것"(4,6)이라는 표현이 나왔습니다. 저자는 이 표현을 통해 창조 때의 세계관, 곧 세상을 둘러싸고 있는 물 또는 바다를 소개하는 것처럼 보입니다(시편 29,10; 65,10; 136,6).

이와 함께 승리의 노래, 곧 "모세와 어린양의 노래"(15,3-4)가 소개됩니다. 이 노래는 두 가지 내용을 담고 있습니다. 우선 '어린양의 노래'는 어린양인 그리스도를 통해 얻게 되는 승리를 암시하며 구원 역사를 완성하시는 하느님을 찬양합니다. 짐승으로 비유된 사탄의 세력과 맞서 얻은 승리는 어린양의 피를 통해서만 가능했다는 사실을 알려 줍니다. 또한 이 노래는 탈출 15,1-18에 나오는 '모세의 노래'를 떠오르게 합니다. 하느님께서 이스라엘 백성을 이집트의 종살이에서 구해 내신 일을 찬양하는 모세의 노래는, 어린양을 통한 구원이라는 점에서 요한 묵시록과도 연결될 수 있습니다.

'모세와 어린양의 노래', 곧 승리의 노래는 마지막 재앙을 통해 궁극적으로 드러나게 될 하느님의 심판과 그분의 정의로운 업적을 미리 보여 주는 역할을 한다는 점에서 '승리의 선취先取'라고 말할 수 있습니다. 이처럼 구체적인 재앙을 소개하기 전에 이미 하느님의 구원 계획이 이루어졌음을 강조하는 것이 요한 묵시록의 특징 중 하나입니다.

승리의 노래 이후에는 일곱 대접의 재앙을 실행할 천사들이 소개되고, 그들에게 "하느님의 분노가 가득 담긴 금 대접"(15,7)이 주어집니다. 하느님으로부터 전해지는 일곱 대접은 하느님의 권한이 위임되는 것을 뜻합니다. 또한 '성전이 하느님의 영광과 권능에서 나오는 연기로 가득 찼다'는 표현은 하느님의 분노를 상징하는 것으로 이해할 수도 있습니다. '재앙이 끝날 때까지 아무도 하늘의 성전에 들어갈 수 없다'는 것 역시 하느님의 계획은 반드시 완성될 것이라는 사실을 강조합니다(15,8).

하느님의 진노가 담긴 일곱 대접의 재앙들

이전의 재앙과 비교할 때, 일곱 대접의 재앙이 지니는 특징은 재앙이 미치는 공간에 아무 제한이 없다는 점입니다. 땅의 1/4(일곱 봉인)이나 1/3(일곱 나팔)과 같은 표현이 없는 것으로 보아, 마지막 일곱 재앙은 땅의 일부분이 아닌 전체에 영향을 미치는 재앙이라고 생각할 수 있습니다. 결국 재앙이 거듭되면서 그 강도는 더욱 세지고 미치는 영역은 전체로 확장됩니다.

첫째 재앙(16,2)은 종기가 생기는 것으로 이집트에 내린 여섯째 재앙(탈출 9,8-12)을 생각하게 합니다. 특히 "짐승의 표를 지닌 사람들과 그 상에 경배한 사람들"(16,2)이라는 표현은 이 재앙들이 누구를 향한 것인지를 명확하게 알려 줍니다. 재앙의 대상은 모든 사람이 아니라 하느님을 반대하고 지금 신앙인들을 박해하는 이들입니다.

둘째 재앙(16,3)은 바다에, 그리고 셋째 재앙(16,4)은 강과 샘에 내립니다. 이전의 둘째, 셋째 나팔로 인한 재앙을 생각나게 합니다. 그리고 물이 피처럼 되었다는 점에서 이집트에 내린 첫째 재앙(탈출 7,17-21)과도 비교할 수 있습니다.

셋째 재앙 이후(16,5-7)에는 하느님의 심판에 대한 찬양이 자리합니다. 이 찬양에서는 '의로우신 하느님의 심판'이라는 표현을 반복함으로써 그것을 강조합니다(시편 119,137; 토빗 3,2 참조). 찬양 중에 하느님의 심판을 초래한 적대자들의 악행도 나옵니다. "저들이 성도들과 예언자들의 피"(16,6)를 쏟았기 때문입니다. 여기서 '저들'은 앞에 언급된 "짐승의 표를 지닌 사람들과 그 상에 경배한 사람들"(15,2)을 가리킵니다. 셋째 재앙에 나오는 표현들을 통해 생각해 볼 수 있는 것은 구약성경에서 하느님의 정의를 실현하는 방식 중의 하나가 '되갚음'이라는 사실입니다. 여기에는 하느님께서 악인들이 행한 일에 맞게 되돌려 준다는 생각이 자리하고 있습니다(지혜 11,16 참조). 제단 역시 하느님의 의로운 심판을 찬양합니다. 이 제단은 살해당한 이들이 악인들의 심판을 촉구하는 내용(6,9-11)과 연관됩니다. 구체적으로 여기서 말하는 제단은 "살해된 이들의 영혼"(6,9)이 있는 제단입니다. 6장에서 그들은 아직 심판의 때가 되지 않았다는 답을 받았지만, 이제는 때가 되어 하느님의 심판이 의로움 안에서 이루어지고 있음을 보여 줍니다.

해의 뜨거운 열로 사람들을 불태우는 넷째 재앙(16,8-9)은 선택된 이들에게 주었던 약속(7,16)을 떠올려 줍니다. 그들에게 어떠한 열기도 내리쬐지 않으리라는 약속은 악인들에게 열기를 내림으로써 실현됩니다.

다섯째 재앙(16,10-11)은 짐승의 왕좌, 곧 황제의 자리에 내린 재앙입니다. 황제의 나라에는 어둠이 내리고 그들이 겪는 괴로움이 커서 혀를 깨물 정도라고 재앙의 고통을 묘사합니다. 10절에 언급되는 이 고통은 11절과 연관시켜 이해하는 것이 더 적절합니다. "다섯째 천사가 자기 대접을 짐승의 왕좌에 쏟았습니다. 그러자 그의 나라가 어둠으로 변하고,

사람들은 괴로움을 못 이겨 자기 혀를 깨물었습니다. 그러면서도 자기들이 겪는 괴로움과 종기 때문에 하늘의 하느님을 모독할 뿐, 자기들의 행실을 회개하지 않았습니다."

여섯째 재앙(16,12-16)은 유프라테스강에 내렸는데, 이 강은 지형학적으로 로마와 파르티아(페르시아)의 경계입니다. 이집트 탈출 때처럼 강물이 말라 동쪽의 임금을 위한 길이 마련되었다는 것은 파르티아 군대가 어려움 없이 로마로 진격할 수 있게 되었음을 뜻하는 비유적인 표현입니다. 여기에 악의 세력을 상징하는 용, 짐승, 거짓 예언자가 다시 등장합니다. 이들의 입에서 나온 더러운 영은 14,6-13에서 하느님의 심판을 예고하는 세 천사와 대조를 이룹니다. 이들은 재앙 마지막에 하느님의 심판이 다가왔음을 알고 '하느님의 중대한 날'(16,14; 참조 요엘 2,11)을 대비해 세상의 임금들, 곧 하느님을 반대하는 이들을 모아 전투를 준비합니다. 그리고 이 마지막 전투는 19,11 이하에 보이는 환시에서 묘사됩니다.

이들은 모든 임금을 하르마게돈으로 불러 모읍니다. 요한 묵시록에서 하르마게돈이 무엇을 의미하는지 정확히 알기는 어렵습니다. 하르마게돈은 히브리 말 '하르-므기또'가 합쳐진 것으로 '므기또의 산들'이라는 뜻입니다. 구약성경에서 '므기또'는 주로 이스라엘과 가나안 사람들의 전투가 벌어지는 장소로 등장합니다. "므기또의 물가"(판관 5,19), "므기또 벌판"(즈카 12,11; 2역대 35,22) 등이 그 예입니다. 에제 38-39장에는 이스라엘과 마곡의 전투 이야기가 나오는데, 마곡의 임금 곡이 이스라엘과의 전투에서 패한 장소가 "이스라엘의 산악 지방"(에제 38,8; 39,2.4.17)이라고 나옵니다. 하르마게돈이 바로 이 '이스라엘의 산악 지방'을 가리킨다고 보는 의견이 많은데, 이는 하느님을 거슬러 마지막 전쟁을 준비하는 악의 세력이 마곡처럼 패배하게 될 운명임을 암시한다고 보기 때문입니다.

일곱째 재앙(16,17-21)은 성경에서 전형적으로 하느님의 발현을 나타내는 번개, 요란한 소리, 천둥, 지진 등을 통해 묘사됩니다. 큰 도성이 세 조각 나고, 우박으로 인해 사람들이 고통을 받게 됩니다(다니 12,1 참조). 여기서 말하는 '큰 도성'은 지금의 박해를 가져온, 하느님을 반대하는 로마를 가리킵니다. 마지막 재앙은 단지 도시만을 파괴하는 것이 아니라 그 도시의 사람들에게 향합니다. 30-40킬로그램에 해당하는

'한 탈렌트'의 우박은 이사 28,2에서 말하는 사마리아에 대한 경고를 생각하게 합니다. 우박이 이처럼 크다는 것은 물론 과장된 표현이지만 그만큼 하느님의 재앙이 무섭다는 것을 강조합니다.

넷째 재앙부터 등장하는 '회개하지 않았다'는 언급은, 탈출기의 이집트에 내린 재앙 이야기에 나오는 파라오의 완고함과 닮았습니다. 하느님의 무서운 재앙 앞에서도 악의 세력은 자신의 잘못을 회개하지 않고 여전히 하느님을 모독할 뿐입니다.

17

바빌론에 내릴 심판(17,1-18)

요한 묵시록이 묘사하는 재앙은 일곱으로 이루어진 봉인과 나팔과 대접입니다. 이 재앙들은 모두 지나갔습니다. 앞으로 묘사되는 환시들은 이제까지 예고된 심판이 이루어지는 것을 나타냅니다. 가장 처음 접하게 되는 것은 바빌론에 내려질 심판입니다. "큰 물 곁에 앉아 있는 대탕녀에게 나릴 심판을 너에게 보여 주겠다"(17,1). 대탕녀는 바빌론을 상징합니다. 바빌론은 악의 세력이 머물고 있는 도시, 곧 로마를 나타냅니다. 로마를 중심으로 한 악의 세력은 대탕녀 바빌론으로 표현되고 이런 상징은 종말 이후에 오게 될 "거룩한 도성 예루살렘"(21,10)과 대조되는 상징으로 이해할 수 있습니다. 이런 '상징과 대조'는 요한 묵시록에서 지속되는, 하느님과 악의 세력을 비교하는 전형적인 방법입니다.

대탕녀 바빌론

여기에 소개되는 대탕녀 바빌론에 대한 표현은 예레미야서 50-51장에서 찾을 수 있습니다. 특히 "큰 물 가에 살며 보화를 많이 가진 자"(예레 51,13)라는 표현은 17,1과 비슷합니다. 이 여자는 짐승을 타고 있는 모습으로 묘사됩니다. 여기 나온 짐승은 이미 13장에서 표현된 짐승과 동일하다고 볼 수 있습니다. 또한 천사는 땅의 임금들과 주민들이 이 여자와 불륜을 저질렀다고 고발합니다. 여기서 불륜은 신학적 의미로 이해할 수 있습니다. 성경은 하느님과 하느님 백성의 관계를 혼인관계로 표현합니다. 하느님의 백성은 여인의 이미지로 그리고 하느님은 신랑의 이미지로 묘사합니다. 이 관계는 그리스도와 믿는 이들, 더 나아가 그리스도와 교회의 관계를 나타냅니다. 이런 의미에서 요한 묵시록이 말하는 불륜은 성적인 죄라기보다 하느님과 맺은 계약 관계를 깨는 행위, 곧 우상 숭배를 의미합니다. 결국 '땅의 임금들과 땅의 주민들'은 하느님에 대한 믿음을 저버리고 악의 세력에 동조하는 이들을 말합니다.

머리가 일곱이고 뿔이 열인 짐승(12,3)을 타고 있는 이 여자는 "자주색과 진홍색 옷을 입고 금과 보석과 진주로 치장하였습니다"(17,4). 이 표현은 세상의 화려함과 부를 상징하는 것으로 볼 수 있습니다(루카 16,19 참조). 여자가 들고 있는 '불륜의 잔'은 심판을 상징하는 '하느님의 분노의 잔'(14,10)과 대조를 이룹니다. 그 여자가 성도들의 피와 예수님 증인들의 피에 취해 있었다는 것은, 박해의 주체가 그 여자임을 드러냅니다. 그리고 여자는 구체적으로 숭배의 대상이었던 황제를 가리키므로, 궁극적으로 황제가 믿는 이들을 박해하는 주체라는 사실을 이야기합니다. 대탕녀 바빌론이라고 부르는 것은 "땅의 탕녀들과 역겨운 것들의 어미, 대바빌론"(17,5)이 그녀의 이름이기 때문입니다. 이것은 당시의 역사적인 사실을 배경으로 합니다. 로마는 숭배의 대상이 되는 황제가 머물던 도시였기에 황제 숭배 의식의 중심이었고, 그러므로 상징적인 의미에서 우상 숭배의 근원지로 여겨졌습니다. 이런 맥락에서 로마를 바빌론이라 표현하고, 하느님과 맞서고 하느님을 반대하는 악의 세력이라고 보는 것입니다. 이 도시의 가장 큰 특징은 우상 숭배를 조장하는 것이기에 모든 불륜, 우상 숭배의 어미로 표현됩니다.

"전에는 있었으나 지금은 없다. 그것이 또 지하에서 올라오겠지만 멸망을 향하여 나아갈 따름이다"(17,8). 이 표현은 여자를 태우고 있는 짐승의 성격을 규정합니다. 구체적으로는, 13장을 설명하며 언급한 바 있는 '네로의 귀환'이라는 전설을 생각하게 합니다. 또한 과거, 현재 그리고 미래의 표현으로 소개되는 이 짐승은 "지금도 계시고 전에도 계셨으며 또 앞으로 오실 분"(1,4.8; 4,8)으로 소개되는 하느님의 적대자임을 암시합니다. 하느님은 영원히 '있는' 분이지만 이 짐승은 그렇지 못합니다. 따라서 신을 자처하는 '거짓된 신'입니다.

짐승의 일곱 머리는 "일곱 산"과 "일곱 임금"입니다(17,9). 여기서 말하는 일곱 산은 일곱 언덕을 중심으로 이루어진 로마를 말합니다. 일곱 임금 중 다섯은 지금 없고 하나는 지금 다스리고 있으며 다른 하나는 아직 나오지 않았습니다. 적지 않은 학자들이 이 표현을 통해 요한 묵시록이 기록된 시기를 밝혀내려 했습니다. 하지만 로마의 황제 중에 어느 황제로부터 시작해서 수를 헤아려야 하는지, 또 지금의 황제가 누구인지를 본문에서 밝히고 있지 않기 때문에 명확하지 밝히기 어렵습니다. 단지 본문에서 알 수 있는 것은 바빌론이 로마의 상징이며 앞으로 오게 될 임금이 네로와 견줄 만큼 신앙인들의 박해와 관련이 있다는 것 정도입니다.

여기서 말하는 것이 실제 역사 속의 황제들이 아니라 숫자를 통해 표현되는 의미에 초점을 맞춘 것이라는 해석도 있습니다. 바빌론으로 표현되는 로마 제국은 멸망에 이르기까지 일곱 황제가 다스릴 것이고 마지막 여덟째 황제는 온전히 다스리지 못할 것입니다. 왜냐하면 이미 종말의 때가 시작되었기 때문입니다. 가장 강하고 완전한 것처럼 보이는 로마 역시 멸망을 맞을 것입니다. 마지막 황제는 그리스도의 적으로 드러나고 하느님의 심판으로 멸망할 것입니다. 이런 숫자에서 오는 상징적인 의미는 본문에서 말하는 황제가 누구인지 밝히지 않더라도 하느님의 심판과 로마의 멸망을 예언하는 것으로 이해할 수 있습니다.

이런 예언은 다가올 심판을 준비하게 하는 동시에, 박해당하는 신앙인들을 위로하는 약속입니다. 반대자들은 모두 힘을 합쳐 어린양과 전투를 벌일 것이고 어린양은 믿음을 지킨 이들과 함께 승리할 것입니다. 왜냐하면 그분은 "주님들의 주님이시며 임금들의 임금"(17,14)이기 때문입니다. 여기서 강조되는 것은 "부르심을 받고 선택된 충실한 이들"(17,14) 역시 어린양과 함께 승리할 것이라는 내용입니다. 어린양의 승리는 박해를 견디고 신앙을 지켜낸 이들과 함께합니다. 요한 묵시록이 말하는 심판은 항상 두 측면에서 이야기됩니다. 하느님의 반대자들에 대한 심판과 신앙인들에 대한 약속입니다. 그리고 심판과 그 결과는 전쟁의 이미지로 묘사됩니다. 이 마지막 전투에 대해서는 19장에서 자세히 보게 될 것입니다.

탕녀에게 내린 하느님의 심판

전투에서 패한 짐승은 "그 여자에게서 모든 것을 빼앗아 알몸이 되게 하고 나서, 그 여자의 살을 먹고 나머지는 불에 태워 버릴 것"(17,16)입니다. 상당히 잔인하게 묘사된 이 표현은 모두 구약성경에서 근거를 찾을 수 있습니다. 에제키엘서 23장은 두 탕녀, 오홀라와 오홀리바의 죄에 대한 하느님의 심판을 말합니다. 이 안에서 '옷을 벗기는 것'은 수치를 당하는 것을, '불에 태워 버린다는 것'은 하느님의 진노를 상징합니다. 특히 '살을 먹는다'는 표현은 구약성경에서 우상 숭배를 한 이들이 당하는 가장 치욕스런 죽음을 묘사하는 것입니다.

구약성경에서 이와 관련된 인물이 예로보암과 이제벨입니다. "예로보암에게 딸린 사람으로서 성안에서 죽은 자는 개들이 먹어 치우고, 들에서 죽은 자는 하늘의 새가 쪼아 먹을 것이다"(1열왕 14,11). 이제벨은 이스라엘이 바알 신을 숭배하도록 한 인물입니다. 이스라엘 민족들을 현혹해 하느님의 백성이 우상 숭배에 빠지게 만든 이제벨의 이미지는 불륜을 저지른 탕녀로 표현되는 바빌론, 곧 로마의 이미지와 부합합니다(2,20-21 참조). 이제벨에게 내린 하느님의 심판 역시 치욕스런 죽음입니다. "개들이 이즈르엘 들판에서 이제벨을 뜯어 먹을 것이다"(1열왕 21,23).

우상 숭배는 구약성경에서부터 가장 큰 죄로 여겨졌습니

다. 하느님을 반대하고, 우상 숭배를 통해 믿는 이들을 선동하는 자들, 그리고 이러한 우상 숭배에 동조하는 자들에게 내린 하느님의 심판은 구약성경에서도 가장 잔인하게 묘사됩니다. 이러한 심판 예고는 19,17-21에서 다시 나오며 예언이 그대로 이루어졌음을 보여 줍니다. 마지막으로 탕녀는 "땅의 임금들을 다스리는 왕권을 가진 큰 도성"(17,18), 곧 로마라는 사실이 명시적으로 밝혀집니다.

요한 묵시록 저자는 이 모든 일이 하느님의 주도권 아래 놓여 있다고 합니다. 지금 박해라는 환난의 시기를 지내고 있지만, 이 역시 하느님께서 바른 길로, 믿는 이들을 구원하시는 길로 이끄신다는 것을 강조합니다. 이 고통의 시간은 머지않아 끝날 것입니다. 박해하는 이들은 하느님의 혹독한 심판을 받고, 믿음을 지켜 낸 이들은 승리의 영광을 누리게 될 것입니다.

18

바빌론의 패망(18,1-19,10)

대탕녀 바빌론의 심판 예고에 이어 바빌론의 패망에 대한 이야기가 나옵니다. 요한 묵시록은 바빌론의 패망 과정은 전하지 않은 채 패망에 대한 반응만을 말해 줍니다. 천사가 외칩니다. "무너졌다, 무너졌다, 대바빌론이!"(18,2). 여기서 이미 심판 예고에 언급되었던 내용이 반복됩니다.

"역겨운 것들의 어미"(17,5)로 소개되었던 바빌론은 '마귀들의 거처, 더러운 영들과 새들, 짐승들의 소굴'이라는 비유로 묘사됩니다(18,2). 그리고 이것은 불륜에서 비롯되었다고 말합니다. 불륜은 신약성경에서 성적인 죄만이 아니라 하느님과 백성 사이에 관련된 죄를 가리키는 단어로 사용됩니다.

뒤이어 하느님의 심판이 내리기 전에 몸을 피하라는 권고가 나옵니다. "내 백성아, 그 여자에게서 나와라. 그리하여 그 여자의 죄악에 동참하지 말고 그 여자가 당하는 재앙을 입지 마라"(18,4). 이 말씀은 바빌론으로 표상되는 로마에 내리는 심판과 벌이 도시 전체에 미친다는 것을 보여 줍니다. 또한 여기서 바빌론 곧 로마가 지은 죄의 크기를 짐작할 수 있으며, 하느님의 진노가 돌이킬 수 없는 죄를 지은 도시 전체에 내릴 것을 암시합니다. 그 도시에 내리는 하느님의 진노는 소돔과 고모라를 떠올려 줍니다(창세 19,12-29 참조). 요한 묵시록의 이 본문과 좀 더 직접적으로 연관된 구절은 예레미야서에서 찾을 수 있습니다. "내 백성아, 바빌론에서 나와라. 저마다 주님의 타오르는 분노에서 제 목숨을 구하여라"(예레 51,45).

천사의 선포에서 가장 먼저 언급되는 것은 "그 여자가 남에게 한 것처럼 되갚아"(18,6) 주라는 말씀입니다. 하느님께서 벌을 내리실 때, 악한 행실을 그대로 되갚아 준다는 것은 구약성경뿐 아니라 신약성경에도 나오는 주제입니다. 특히 이러한 내용은 종말이라는 주제와 연관되어 자주 등장합니다. 요한 묵시록에는 사치를 누린 만큼 고통과 슬픔을 안겨 준다는 표현도 나옵니다. 또한 이미 심판 예고에서 언급된 것처럼 여러 재앙이 닥치고 결국 그 여자, 즉 바빌론은 불에 탈 것입니다.

다음에는 바빌론의 불륜과 사치에 동조하거나 이득을 본 사람들이 언급됩니다. 사치는 이미 구약성경에서부터 부정적으로 이해되었고, 예수님의 가르침에서도 그 흔적을 찾을 수 있습니다. 사치는 특히 종교적 윤리와는 맞지 않는 것으로 여겼습니다. 불륜과 사치로 요약될 수 있는 바빌론의 죄는 그에 동조하거나 그것을 통해 경제적 이득을 얻은 이들에게까지 확대됩니다.

억눌린 이들의 탄원을 외면하지 않으시는 하느님

세 번 반복해서 표현되는 "불행하여라, 불행하여라, 저 큰 도성!"(18,10)이라는 외침은 구약성경에서 하느님 백성을 억압하는 이들을 향하고 있습니다. 하느님께서는 짓눌리는 당신 백성의 탄원을 외면하지 않으시고 그들을 억압하는 이들에게 불행을 선포하십니다. 같은 맥락에서 요한 묵시록에 나오는 불행 선포 역시 종교적·사회적·경제적으로 신앙인들을 박해하는 이들을 향합니다. 여자와 불륜을 저지르며 하느님을 외면하고 우상을 숭배한 땅의 임금들, 바빌론의 사치 때문에 경제적 이득을 보았던 땅의 상인들, 그리고 바다에서 일하는 사람들, 이들에게 불행이 선포됩니다. 땅의 임금과 상인들은 이미 언급된 바 있지만 '바다에서 일하는 사람들'이라는 표현은 처음 사용되었습니다. 금방 쉽게 이해되지는 않지만 에제 27,25-32을 이 표현의 배경으로 보는 입장이 많습니다. 명확하게 드러나지는 않지만 땅의 상인들이 육로를 통해 경제적 이득을 얻었다면, '바다에서 일하는 사람들'은 바닷길을 통해 로마와 교역하여 이득을 얻은 상인들을 가리킨다고 볼 수 있습니다. 로마가 우리나라처럼 반도 국가라는 점을 감안하면 쉽게 이해할 수 있습니다.

"예언자들과 성도들과 땅에서 살해된 모든 사람의 피가 바로 그 도성에서 드러났다"(18,24). 천사의 이 마지막 외침은 요한 묵시록 전체에서 언급되는 '피'에 대한 책임이 전적으로 로마에 있음을 나타냅니다. 로마는, 믿음 때문에 피를 흘린 모든 이에게 책임을 져야 하며 그 죗값을 치러야 합니다. 이제 요한 묵시록에서 남은 것은 하느님의 말씀과 약속이 실현되는 일뿐입니다.

다가오는 구원과 영광의 시간

그리스도의 재림 곧 종말은 19,11에서부터 시작됩니다. 그 직전에, 이 모든 업적을 이룬 하느님에 대한 찬미와 종말 때에 신앙인들이 누리게 될 영광을 먼저 전합니다. 이제 곧 실현될 구원의 시간을 말하고 있는 것입니다. "기뻐하고 즐거워하며 하느님께 영광을 드리자. 어린양의 혼인날이 되어 그분의 신부는 몸단장을 끝냈다. 그 신부는 빛나고 깨끗한 고운 아마포 옷을 입는 특권을 받았다"(19,7-8).

이 마지막 찬미가에서 두드러진 점은 '대탕녀 바빌론'과 대조되는 '혼인을 준비하는 신부'의 이미지입니다. '자주색과 진홍색 옷'으로 치장했던 바빌론과는 대조적으로 '어린양의 신부'는 '빛나고 깨끗한 고운 아마포 옷'으로 몸단장을 했습니다. 여기서 옷 색깔을 뚜렷이 대조시키는 것은 세상의 화려함과 천상의 영광을 각각 대비시키는 효과를 냅니다. 흰색을 연상시키는 고운 아마포로 단장한 신부의 모습은 승리와 구원을 상징합니다. 그리고 혼인 잔치는 종말이 신앙인들에게 주는 의미를 함축해서 표현합니다. 혼인 잔치는 유다인들에게 가장 성대한 축제였습니다. 보통 일주일에서 열흘씩 지속되는 혼인 잔치는 기쁨과 축복의 잔치였습니다. 손님들은 신랑, 신부와 함께 머물며 그들의 혼인을 축하했습니다. 유다인들에게 혼인은 하느님의 창조 활동을 지속하는 것이고, 자손이 번성하게 해 주겠다는 하느님의 약속이 실현되는 것이었습니다. 구약성경에서부터 일상의 가장 큰 잔치인 혼인 잔치의 이미지는 하느님의 사랑을 표현하고 종말 때의 풍요로움과 풍성함을 나타내는 데 사용되었습니다(호세 2,18-19; 이사 62,4-5 참조). 신약성경 역시 이런 의미들을 그대로 이어 갑니다.

어린양을 신랑, 신앙인들을 신부, 그리고 마지막 때의 기쁨을 혼인 잔치에 비유하는 것은 복음에도 나오기 때문에 우리에게 낯설지 않습니다. 요한 묵시록은 이러한 상징적 표현을 써서 책의 마지막에 신부로 표현되는 "거룩한 도성 예루살렘"(21,9-22,5)의 환시를 준비합니다. '거룩한 도성'이라는 상징은 하느님과 어린양과 함께 영원히 머물게 될 구원받은 이들, 곧 신앙인들을 가리킵니다. 종말의 때, 하느님의 약속이 모두 실현되는 때가 되면 신앙을 굳건히 지켜 온 이들은 마치 하느님께서 머무시는 도성처럼, 하느님과 그리스도와 함께 영원히 살게 될 것입니다.

19

요한 묵시록의 행복 선언

신약성경에는 예수님께서 직접 "행복하여라" 하시는 말씀이 여러 번 나오는데, 이것을 행복 선언이라고 부릅니다. 마태오 복음서에 나오는, 예전에는 진복팔단이라 불렸던 참행복에 관한 말씀(마태 5,1-12)이나 루카 복음서에 나오는 행복 선언(루카 6,20-23)이 대표적인 예입니다. 요한 묵시록에도 이러한 행복 선언이 나옵니다.

　요한 묵시록에는 행복 선언이 일곱 번 나옵니다. 이 행복 선언은 요한 묵시록에서 중요한 의미를 지닙니다. 7이라는 숫자가 지닌 상징적 의미 때문에 중요하기도 하지만, 환시를 중심으로 한 행복 선언의 내용이 요한 묵시록의 목적을 잘 드러내기에 더 중요합니다.

1,3	"이 예언의 말씀을 낭독하는 이와 그 말씀을 듣고 그 안에 기록된 것을 지키는 사람들은 행복합니다."
14,13	"주님 안에서 죽는 이들은 행복하다."
16,15	"깨어 있으면서 제 옷을 갖추어 놓아, 알몸으로 돌아다니며 부끄러운 곳을 보일 필요가 없는 사람은 행복하다."
19,9	"어린양의 혼인 잔치에 초대받은 이들은 행복하다."
20,6	"첫 번째 부활에 참여하는 이는 행복하다."
22,7	"이 책에 기록된 예언의 말씀을 지키는 사람은 행복하다."
22,14	"자기들의 긴 겉옷을 깨끗이 빠는 이들은 행복하다."

일곱 가지 행복 선언

가장 먼저 언급할 수 있는 것은 책의 머리말과 맺음말 부분에 나오는 동일한 내용의 행복 선언입니다. "이 예언의 말씀을 낭독하는 이와 그 말씀을 듣고 그 안에 기록된 것을 지키는 사람들은 행복합니다"(1,3)와 "이 책에 기록된 예언의 말씀을 지키는 사람은 행복하다"(22,7)는 같은 내용입니다. 이처럼 '말씀을 지키는 이들'에 대한 행복 선언이 책의 시작과 끝에 반복되는 이유는 그것이 요한 묵시록에서 그만큼 중요한 내용이기 때문입니다. 요한 묵시록은 환시를 통해 예수 그리스도의 계시를 전하여 그 안에 담긴 하느님의 약속을 신앙인들이 굳게 믿고 살아가도록 용기를 주며, 특히 박해받는 신앙인들이 자신의 믿음을 지켜 가도록 격려하는 책입니다. 그래서 요한 묵시록의 행복 선언은 중요합니다. 이 선언이 곧 요한 묵시록을 기록한 목적과도 같기 때문입니다.

"주님 안에서 죽은 이들"(14,13)은 신앙인들이 처해 있는 박해 상황을 가장 잘 요약하고 있습니다. 그들이 행복한 이유가 "그들은 고생 끝에 이제 안식을 누릴 것이다. 그들이 한 일이 그들을 따라가기 때문이다"(14,13)라고 합니다. 황제 숭배 의식을 거부하여 점점 더 심하게 박해를 받다가 믿음 때문에 목숨을 잃는 이들은 그리스도의 죽음에 참여하고, 그리하여 그리스도의 승리와 부활에 참여하는 이들입니다.

구약성경에서 '알몸'은 부끄러움이나 수치를 나타내는 표현입니다. 요한 묵시록은 이 두 표현을 동시에 사용합니다. 이미 3,18에서도 언급되었던 이 표현이 16,15에서는 구원과 심판을 동시에 표현합니다. 준비되어 있는 사람은 구원을, 그렇지 못한 이들은 알몸이나 부끄러움으로 표현되는 심판을 받을 것이기 때문입니다. 옷과 관련된 행복 선언은 두 가지입니다. 옷을 준비하여 수치를 당하지 않는 이들(16,15)과 자기들의 옷을 깨끗이 빠는 이들(22,14)입니다. 요한 묵시록에서 옷은 곧 정체성입니다. 다시 말해 그 옷을 입은 이들이 어떤 사람인지를 나타내는 역할을 합니다. 이런 의미에서 옷을 준비하고 자신의 옷을 빠는 이들은 하느님 말씀과 예수 그리스도의 증언을 간직하며 살아가고 있는 신앙인을 나타냅니다.

자신의 삶에서 믿음을 지키면서 하느님의 말씀에 맞게 살아가는 이들은 행복합니다. 왜냐하면 그들은 구원을 받을 것이기 때문입니다. 결국 표현은 조금 다르지만 옷을 준비하고 옷을 빠는 이들은 "어린양의 혼인 잔치에 초대받은 이들"(19,9)이기도 합니다. 혼인 잔치는 기쁘고 충만한 구원의 모습을 가장 구체적으로 나타내는 표현입니다. 이제 박해 중에서도 믿음을 지키며 하느님의 말씀을 실천하며 살아온 이들은 그리스도와 함께 승리하고 구원에 이르게 될 것입니다.

"첫 번째 부활에 참여하는 이"(20,6)는 종말 이후에 올 '천년 통치'와 관련이 있습니다. 천 년 통치는 그리스도와 함께 다스릴 것이라는 기대를 드러냅니다. 종말과 새로운 창조 사이에 놓인 이러한 중간 시기는 요한 묵시록의 특징이라 말할 수 있습니다. 부활하여 그리스도와 함께 다스리게 될 신앙인들에게 더 이상 죽음은 없습니다.

박해받는 신앙인들을 향한 위로와 희망의 메시지

요한 묵시록은 환시를 통해, 그리스도인들이 박해받고 그로 인해 순교하게 되는 당시 상황을 때로는 폭력적이고 잔인한 이미지로 전달합니다. 이는 그만큼 당시 소아시아 지역의 상황이 신앙인들에게 힘겨웠음을 보여 줍니다. 이런 상황은 분명 '하느님의 공정과 정의'라는 전통적인 믿음에 회의를 가져다 줄 수 있었고, 또 어떤 이들에게는 믿음을 버리고 우상을 숭배하게 될 수도 있는 위기의 순간이었습니다. 요한 묵시록은 이러한 처지에서 신앙인들이 믿음을 지키고 하느님의 말씀에 온전히 의탁하도록 그들을 격려하고 위로하며, 희망을 주고자 하였습니다.

구약성경에서부터 전해진 하느님의 약속은 반드시 이루어질 것입니다. 특히 종말의 때에 그리스도의 재림으로 약속은 실현되고 하느님의 정의가 드러날 것입니다. 현재의 역사 역시 하느님께서 이끌어 가시는 커다란 구원 역사의 한 부분이기 때문입니다. 요한 묵시록은 이러한 점에서 하느님의 절대적인 주권을 강조하고, 그리스도를 통해 이미 보여 준 승리와 구원이 멀지 않았음을 강조합니다. 믿음을 지키는 신앙인들은 모두 그 승리와 구원에 참여할 것입니다. 비록 신앙 때문에 목숨을 잃을 수도 있지만 그것은 하느님의 구원과 영광에 먼저 참여하는 것입니다. 종말은 곧 올 것이고 모든 사람이 자신의 행실에 따라 그리스도 앞에서 심판받을 것이기 때문입니다.

20

그리스도의 재림: 하느님의 기사(19,11-21)

19,11-21에 소개되는 환시는 흔히 '하느님의 기사騎士'로 불립니다. 이 환시는 종말의 때를 전하는 요한 묵시록 환시의 절정이라고 말할 수 있습니다. 앞서 벌어진 여러 재앙과 심판에 대한 예고는 모두 이 환시를 향해 있습니다. 이 환시가 그리스도의 재림을 나타내기 때문입니다. 그리스도의 재림과 종말은 같은 때를 가리킵니다. 또 그리스도의 재림은 세상에 대한 심판과 새로운 세상과 영원한 생명, 곧 구원의 완성을 이야기하는 첫 단계이기도 합니다. 넓은 의미에서 이 표현

들은 모두 같은 때를 지칭한다고 볼 수 있습니다. 그리스도의 재림으로 이 모든 것이 시작되고, 이것이 요한 묵시록에서 말하는 마지막 환시이자 신학에서 말하는 종말이기도 합니다.

 요한 묵시록에서 성격이 다른 새로운 환시는 '하늘이 열려 있는' 모습으로 시작합니다. "나는 또 하늘이 열려 있는 것을 보았습니다"(19,11). 요한 묵시록에 나오는 다른 표현과 비교해 볼 때(4,1: "하늘에 문이 하나 열려 있었습니다"; 11,19: "하늘에 있는 하느님의 성전"), 종말의 때를 시작하는 결정적인 환시의 시작이라는 점에서 '하늘이 완전히 열려 있다'는 의미로 받아들일 수 있고, 이제 이 하늘은 다시 닫히지 않을 것이라는 희망을 줍니다. 하느님의 기사에 대한 묘사 이후에 전해지는 환시는 종말 이후에 올 새로운 세상에 대한 내용을 담고 있습니다.

흰말을 타신 분의 정체

흰말을 타고 있는 분에 대한 묘사는 상당히 구체적입니다. 하느님 기사의 눈은 "불꽃 같았다"(19,12)고 하는데 '불꽃 같은 눈'은 정의와 심판을 나타내는 상징입니다. 이미 보았던 것처럼 이 표현은 1,12-16에서 "사람의 아들 같은 분"을 묘사할 때 사용되었습니다. 이 상징을 통해 저자는 '사람의 아들 같은 분'과 '하느님의 기사'가 동일 인물임을 암시합니다. 요한 묵시록에서 지금까지 보았던 모든 환시는 '사람의 아들 같은 분'의 명령에서 시작한 것입니다. 앞으로 보게 될 모든 것을 일곱 교회에 써 보내라고 저자에게 명령했던 그분과 이제 마지막 결정적인 때를 가져올 하느님의 기사는 결국 같은 분입니다. 요한 묵시록은 이분을 어린양, 곧 그리스도라고 우리에게 알려 주며 이 모든 환시와 계시의 중심에 있는 분은 바로 그리스도이십니다. 요한 묵시록은 환시가 주를 이루는 책이기에 신약성경의 다른 책들과 비교할 때 생소하게 느껴지지만, 그 내용에서는 큰 차이가 없습니다. 다만 환시를 통해 그리스도의 계시를 더 구체적이고 시각적으로 전달한다는 점이 요한 묵시록의 고유한 특징이라고 할 수 있습니다.

하느님의 기사는 또 "작은 왕관"(19,12)을 많이 쓰고 있습니다. 왕관이 일반적으로 권력이나 힘을 상징하므로, 특히 같은 용어를 사용하는 용(일곱 왕관)이나 짐승(열 개의 왕관)과 비교할 수 있습니다. 용과 짐승은 정해진 수의, 헤아릴 수 있는 만큼의 왕관을 쓰고 있지만, 하느님의 기사는 '셀 수 없을 만큼 많은' 왕관을 쓰고 있습니다. 이런 차이를 통해 용과 짐승의 권력은 유한하지만, 그리스도의 권력과 힘은 무한하다는 것을 표현합니다. 환시를 통해 지속적으로 묘사되는 대조는 하느님과 악의 세력의 결정적인 차이를 드러내고, 그럼에도 불구하고 유사한 둘의 외형을 묘사함으로써 사람들에게 이 둘을 분별해야 한다는 점을 보여 줍니다.

이와 함께 흰말을 탄 기사는 "피에 젖은 옷"(19,13)을 입고 있습니다. 여기서 옷을 적신 피가 누구의 것인지에 대해 다양한 의견이 있습니다. 가장 먼저 생각해 볼 수 있는 것은 이미 심판 예고에서 나왔던 것처럼 하느님의 심판을 받게 될 사람들, 하느님 진노의 대상이 되어 확을 밟는 이미지를 통해 표현되는 악의 세력입니다(14,19-20 참조). 하지만 본격적인 심판에 대한 묘사는 이후에 등장한다는 점에서, 옷을 적신 피가 하느님 기사 자신의 것이라고 보는 입장도 많습니다. 결국 그의 죽음과 부활을 나타내는 암시로 이해할 수 있고, 이것은 '죽었었지만 살아 있다'(1,18)는 사람의 아들이나 "살해된 것처럼 보이는 어린양"(5,6)을 가리키는 것입니다. 그러므로 요한 묵시록에서 '사람의 아들', '어린양', '흰말을 탄 기사'는 모두 그리스도를 나타내는 고유한 상징이라고 할 수 있습니다.

하늘의 군대와 마지막 전투

하느님의 기사와 함께 등장하는 것은 하늘의 군대입니다. "희고 깨끗한 고운 아마포 옷"(19,14)을 입고 하느님의 기사를 따르는 이 군대는 천사의 무리를 말하는 것처럼 보입니다. 이미 12,7에서 "미카엘과 그의 천사들"이 악의 세력과 싸우기 위해 등장한 것처럼 하느님의 군대도 하느님의 기사와 함께 악의 세력에 맞서 마지막 전투를 벌이는 것으로 묘사됩니다. 여기서 우리는 요한 묵시록이 종말을 이야기할 때 전쟁과 심판의 이미지들을 사용한다는 것을 생각할 필요가 있습니다.

이 마지막 전투에 앞장서는 분은 그리스도입니다. 그의 유일한 무기는 '입에서 나오는 날카로운 칼'(1,16; 2,16; 19,15.21)입니다. 입에서 나오는 칼은 '말씀을 통한 심판'을 나타내는 상징이며 그리스도의 이름으로 표현되는 "하느님의 말씀"(19,13)과 함께 그 의미가 명확하게 전달될 수 있습니다. 그는 말씀으로 심판하고 "쇠 지팡이"(19,15)로 다스릴 분입니다. 쇠 지팡이는 이미 2,27과 12,5에서도 나온 말입니다. 쇠 지팡이로 다스린다는 표현을 통해 하느님의 기사는 일곱 교회에 소개되는 사람의 아들과 같은 분으로 드러나고, '여인에게서 태어난 사내아이'를 소개하면서 했던 예언이 이 환시에서 이루어졌음을 나타냅니다. 쇠 지팡이로 다스린다는 것은 구약성경에서부터 메시아를 나타내는 상징적인 표현이었습니다. 요한 묵시록은 종말의 환시를 통해 지금껏 소개한 분이 모두 메시아, 곧 그리스도를 나타낸다는 사실을 알려 줍니다.

"전능하신 하느님의 격렬한 진노의 포도주를 짜는 확을 친히 밟으실 것입니다"(19,15). 성경에서 포도밭과 포도나무 그리고 포도주는 하느님의 백성이나 하느님 나라의 풍요로움을 표현하는 상징입니다. 특히 포도를 수확하여 확에 넣고 확을 밟아 즙을 내는 이미지는 구약성경에서 하느님의 큰 진노와 심판을 나타내는 전형적인 표현입니다. "나는 혼자서 확을 밟았다. 민족들 가운데에서 나와 함께 일한 자는 아무도 없다. 나는 분노로 그들을 밟았고 진노로 그들을 짓밟았다"(이사 63,3). 이제 요한 묵시록은 구약성경에 나오는 하느님의 모습을 그리스도에게 적용합니다. 요한 묵시록 5장에 보면, 어린양이 어좌에 앉은 분(하느님)의 오른손에 있던 두루마리를 받는 장면이 나옵니다. 이를 통해 구약에서 하느님에게만 주어졌던 심판의 권한이 그리스도에게도 주어집니다. 재림과 종말은 그리스도에게 부여된 이 권한과 마지막 심판을 위해 이 세상에 다시 오시는 그리스도에 초점을 맞춥니다. 이제 그리스도는 하느님의 모든 권한을 통해 결정적인 구원을 이끌어 갈 것입니다.

하느님 기사의 명칭

19,11-16에서 한 가지 눈에 띄는 것은 하느님 기사의 명칭입니다. '명칭'은 하느님께서 모세를 통해 당신 자신의 이름을 이스라엘 백성에게 알려 준 이후, 성경에서 중요한 주제가 되었습니다. 구약성경에서 단 한 번 계시된 "나는 있는 나다"(탈출 3,14)라는 하느님의 이름은 하느님의 자기 계시

의 절정입니다. 이 이름은 성경에서 YHWH라는 네 글자로 표현됩니다. 이것을 흔히 '하느님의 이름을 나타내는 네 글자'(Tetragrammaton)라고 부릅니다. 하지만 유다인들은 이 '거룩한 네 글자'를 실제로 발음하지 않습니다. 아마도 하느님의 이름을 함부로 부를 수 없다는 계명 때문일 것입니다(신명 5,11). 그들은 하느님의 이름을 '야훼'라고 발음하지 않고 '아도나이' 곧 '주님'으로 읽습니다. 이런 이유에서 2008년 교황청 경신성사성은 전례 때에 구약성경의 전통에 다라 하느님의 이름을 (함부로) 부르지 않는 것이 적절하다고 발표한 바 있습니다. 이후 우리말 《성경》과 성가에서도 야훼라는 표현을 사용하지 않고 '주님'으로 표현합니다.

이름과 관련하여 이미 요한 묵시록 저자는 하느님께 '지금도 계시고 전에도 계셨으며 또 앞으로 오실 분'(1,4.8; 4,8)이라는 명칭을 사용합니다. 그리고 이와 비슷한 방식으로 그리스도를 "성실한 증인이시고 죽은 이들의 맏이이시며 세상 임금들의 지배자"(1,5), '알파요 오메가이며, 시작이며 마침'(1,8; 21,6; 22,13)으로 표현합니다. 하느님의 이름이 구약의 중요한 주제인 것처럼 그리스도의 명칭들은 요한 묵시록의 그리스도론을 이해하는 데 중요한 역할을 합니다.

"**성실하시고 참되신 분**"(19,11): 성경에서 '성실하다'와 '참되다'는 표현을 함께 사용한 책은 요한 묵시록이 유일합니다(3,14; 19,11; 21,5; 22,6). 이 두 단어는 모두 우리에게 익숙한 '아멘'이라는 표현과 관련이 있습니다. 원래 히브리어인 '아멘'을 칠십인역 성경(그리스어 구약성경)에서는 '참되다'와 '성실하다' 두 가지 표현으로 구분해서 사용합니다.

'참되다'는 단어는 구약성경에서 일관되게 하느님을 이야기할 때만 사용됩니다. 이것은 하느님께 사용된 이름인 동시에 하느님의 특성을 나타내는 표현이기도 합니다. 이 말은 신약성경에서도 비슷하게 사용됩니다. '진리'를 유난히 강조하는 요한 복음이 이 말을 많이 사용하며, 하느님 또는 예수님께 적용됩니다. 요한 묵시록에서 '참되다'는 표현은 주로 재판과 관련된 언급들(3,14; 6,10; 16,7; 19,2.11)이나 '말씀'과 함께 사용됩니다(3,7; 19,9; 21,5; 22,6). 이러한 용례는 하느님으로부터 종말에 대한 모든 권한을 위임받은 어린양, 곧 그리스도가 하느님께서 시작하신 구원의 역사를 이끌어 가고 또 완성에 이르게 할 것임을 보여 줍니다. 정의로운 심판을 내리는 참된 하느님의 모습은 종말 때에 그리스도께서 이루시는 업적을 통해, 특히 그분의 심판을 통해 구체적으로 실현될 것입니다.

'성실하다'는 표현은 구약성경에서 하느님과 그 백성 사이의 관계를 나타냅니다. 신약성경에서도 역시 같은 방식으로 사용됩니다. "우리는 성실하지 못해도 그분께서는 언제나 성실하시니 그러한 당신 자신을 부정하실 수 없기 때문입니다"(2티모 2,13). '성실하심'은 인간의 행위와 상관없는 그리스도의 특성입니다. 그리스도는 성실함의 모범이십니다. 여기에는 구약성경에서부터 지속적으로 이어진 하느님에 대한 생각이 자리하고 있습니다. 주님은 인간과 세상의 구원을 위해 성실하신 분입니다. 성실함의 바탕에는 그리스도의 죽음과 부활이 자리하고 있습니다. 하느님의 성실하심은 구원 역사의 시작과 완성이 그분의 주도권 아래 놓여 있다는 것을 강조합니다. 신약성경에서 그것을 구체적으로 드러내는 것은 그리스도의 업적입니다. 요한 묵시록에서는 신앙인들이 하느님의 성실하심을 본받아 죽음에 이르기까지 성실해야 한다고 합니다(2,10). 특히 묵시록 저자는 성실하다는 표현을 세 번에 걸쳐 '증인'이라는 단어와 함께 사용합니다(1,5; 2,13; 3,14). 구체적으로 신앙인들에게 요구되는 것은 박해의 힘든 상황에서도 그리스도에 대한 믿음을 간직하고 그 믿음을 살아가는 것임을 이야기합니다.

"그분 말고는 아무도 알지 못하는 이름"(19,12): 이 이름은 일곱 교회에 보낸 편지에 나오는 '새 이름'과 연결하여 생각할 수 있습니다(2,17; 3,12). 이 숨겨진 이름은 신비로운 그리스도를 나타내는 표현이기도 합니다. 요한 묵시록에서 이름이 감추어져 있다는 사실은 그리스도를 통한 하느님의 약속이 성취되기 전까지 드러날 수 없다는 것을 의미합니다. 새 이름 곧 숨겨진 이름은 종말의 때 그리스도께서 악의 세력을 물리치고 승리하여 구원을 완성하실 때, 그때서야 비로소 사람들에게 밝혀질 것입니다. 이는, 그리스도의 재림을 통해 당신 자신을 스스로 계시하기 전까지, 믿는 이들을 제외한 다른 이들에게는 그 이름이 숨겨진 채 남아 있을 것이라는 생각을 기반으로 합니다. 지금은 이 이름이 믿는 이들에게만 드러나고 알려졌지만 종말 때에는 모든 세상이 이 이름을 알게 될 것입니다.

"하느님의 말씀"(19,13): 이 이름은 요한 묵시록에서 '그리스도의 증언'과 함께 표현됩니다(1,2.9; 6,9; 20,4). 하느님의 기사의 이름이 '하느님의 말씀'이라는 것은 구약성경의 하느님과 종말에 오시는 그리스도가 다른 분이 아님을 암시합니다. 특히 예언과 관련된 이 표현은 요한 묵시록에서 황제 숭배 의식을 전파하던 거짓 예언자(16,13; 19,20; 20,10)와 상반된 관계에 있습니다. 하느님의 기사를 통해 진정한 하느님의 말씀이 계시되고 이것을 통해 거짓 예언자의 선포가 거짓이라는 사실이 폭로됩니다. 이제 하느님의 기사는 하느님의 말씀으로 악의 세력을 심판하고 진노의 처벌을 내릴 것입니다.

하느님의 말씀은 요한 복음의 가장 중요한 주제이기도 합니다. 요한 복음서의 서문(요한 1,1-18)인 말씀(로고스) 찬가는 예수 그리스도와 하느님의 말씀을 동일한 것으로 이해하고 이미 세상 창조 이전부터 계시던 그리스도의 선재先在를 말합니다. 세상 모든 것을 창조한 하느님의 말씀인 예수 그리스도는 사람이 되어 우리 가운데 오셨고 우리와 함께 살았다는 요한 복음의 독특한 그리스도론입니다. 요한 묵시록 역시 재림 때에 오시는 그리스도를 '하느님의 말씀'이라고 명시적으로 표현하는 것으로 보아, 이것이 당시 사람들에게 그리스도를 나타내는 전통적인 명칭이었다고 생각할 수 있습니다.

'임금들의 임금, 주님들의 주님'(19,16) : 구약성경에서 이 이름은 하느님을 나타내는 표현이었습니다(신명 10,17; 시편 136,2 참조). 오히려 하느님만을 위한, 하느님께 유보된 이름이라고 생각하는 것이 적절합니다. 이 이름은 이제 그리스도에게 부여되는데, 이것은 신약성경에서 즐겨 사용하는 방식입니다. 하느님을 나타내는 독점적이고 전형적인 표현을 그리스도를 가리키는 데 사용하는 것입니다. 이런 방식을 통해 하느님과 그리스도는 한 분이라는 사실을 암시하고 하느님으로부터 시작된 구원 업적이 그리스도를 통해 이어진다는 사실을 강조합니다.

'임금들의 임금, 주님들의 주님'은 세상에 대한 진정한 통치권을 가진 분이 누구인지 알려 줍니다. 이 명칭은 로마의 황제권을 나타내기 위해 사용된 '몸에 새겨진 하느님을 모독하는 이름'(13,1; 17,3)이란 표현과 상반되는 것으로, 세상을 다스리는 권력을 잠시 가졌던 로마의 힘이 끝났음을 암시합니다. 하느님의 진정한 통치권은 그리스도의 재림을 통해 드러나고 악의 세력을 누르고 승리할 것이라는 약속 역시 성취됩니다.

하느님의 기사에게 부여된 이름들은 구약의 하느님과 신약의 그리스도가 다른 분이 아니라는 사실을 강조하며, 하느님께서 시작하신 구원 역사가 그리스도를 통해 완성에 이른다는 사실을 나타냅니다.

악의 세력이 맞이하는 비참한 최후

19,17부터는 심판의 결과에 대한 환시가 나옵니다. 이 환시는 "한 천사가 해 위에 서 있는 것을 보았습니다"라는 말로 시작합니다. '해 위에 서 있다'는 것은 요한 묵시록에서 하늘의 가장 높은 곳을 의미합니다. 이것은 세상의 모든 피조물이 하

느님의 뜻을 담은 천사의 외침을 들을 수 있다는 것을 의미합니다. 전쟁을 위해 모인 악의 세력들은 이제 패배하고 심판의 벌을 받게 됩니다. 심판의 결과를 미리 알리는 천사의 선포는 에제 39,17-20을 떠오르게 합니다. "너 사람의 아들아, 주 하느님이 이렇게 말한다. 온갖 날개가 달린 새들과 모든 들짐승에게 말하여라. '모여 와라. 내가 너희를 위하여 마련하는 희생 제물 잔치, 이스라엘 산악 지방에서 벌이는 큰 희생 제물 잔치에 사방에서 모여들어, 고기를 먹고 피를 마셔라. 너희는 용사들의 살을 먹고 세상 제후들의 피를 마실 것이다. 그들은 숫양과 어린 양, 숫염소와 송아지, 모두 바산의 살진 짐승이다. 너희는 내가 너희를 위하여 마련한 희생 제물에서, 기름진 것을 배불리 먹고 피를 취하도록 마실 것이다. 내 식탁에서 너희는 말과 기병과 용사와 모든 전사를 배불리 먹을 것이다. 주 하느님의 말이다.'" 에제키엘 예언자는 이스라엘이 벌인 마지막 전투에서 곡의 패배를 알리며 전투의 결과로 수많은 장수와 병사가 죽었다는 사실을 '잔치'의 이미지로 표현합니다. 조금은 잔인하다고 생각할 수 있지만 그만큼 하느님의 진노가 크다는 것을 나타내고 하느님과 맞선 이들이 당하게 될 처참한 결과를 전투의 이미지 안에서 표현하는 것이기도 합니다. 반면에 이것은 하느님의 큰 승리를 나타냅니다. 요한 묵시록 역시 확고한 승리에 대한 증거로 마지막 전투가 벌어지기 전에 그리스도의 승리를 먼저 이야기합니다.

악의 세력은 이미 자신의 동조자들을 모아 하느님과 맞설 마지막 전투를 준비한 바 있습니다(16,14). 19,19부터는 사탄의 세력에 동조하고 앞장섰던 짐승과 거짓 예언자의 멸망을 묘사합니다. 짐승과 거짓 예언자가 로마의 황제 숭배 의식과 관련된 상징이라는 점을 생각하면, 이것은 로마의 패망을 상징하는 것이기도 합니다. 또한 심판은 우상 숭배를 강요한 짐승이나 거짓 예언자에게만 국한되지 않습니다. 이미 요한 묵시록이 지속적으로 회개하라고 권고한 것처럼 우상 숭배에 동조한 이들 모두가 심판을 받을 것입니다. 하느님 없이 살았던, 하느님을 모독하는 것에 동조하고 우상을 숭배하며 그리스도인들을 박해했던 모든 이가 심판의 대상입니다. 점진적으로 내려진 재앙이 보여 주는 것처럼 회개의 가능성을 받아들이지 못한 이들은 종말의 때에 그 행동에 맞게 심판과 벌을 받게 될 것입니다.

요한 묵시록은 종말과 재림을 나타내는 환시에서 구체적인 전투 과정은 묘사하지 않습니다. 어떻게 전투가 진행되었는지는 관심의 대상이 아니기 때문입니다. 하느님에 맞서 전투를 벌인 세력들이 맞이하게 될 결과만을 소개합니다. 전투의 결과로 악의 세력들이 비참한 최후를 맞을 것이라는 선포와 그 선포가 실현된다는 사실을 강조합니다. 잔인한 결과를 통해 전투가 치열했음을 암시하고, 이 전투가 어린양이 죽음에서 승리한 것처럼 하느님 약속이 실현되는 것이라는 사실에 초점을 맞춥니다(19,21).

# 21

천 년 통치와 마지막 심판(20,1-15)

요한 묵시록은 이 환시를 통해 종말과, 그 이후에 올 새로운 세상을 보여 줍니다. 어쩌면 종말은 그 자체로 의미가 있다기보다 그 이후에 올 다른 세상을 위한 과정처럼 보이기도 합니다. 요한 묵시록 외에 유다교에서 나온 다른 묵시록들 역시 비슷합니다. 당시 사람들은 이 세상이 사라진 이후에 새로운 세상이 온다고 생각했던 것 같습니다. 그렇기에 새로운 세상이 오기 전 종말 때에, 이 세상이나 악한 세력에 대한 심판이 이루어진다고 묘사합니다. 물론 묵시록은 아니지만 노아의 홍수 이야기에서도 이러한 생각의 흔적을 엿볼 수 있습니다(창세 6,5-7). 하느님께서는 의로운 이들을 선택하여 새로운 세상을 시작하십니다.

순교자들이 부활해 그리스도와 함께할 천 년

20장은 종말 이후에 대한 환시입니다. 하느님의 기사를 통해 보인 종말 때의 재림과 심판에 대한 환시 이후, 여기서는 천 년 통치와 사탄에 대한 심판을 보여 줍니다. 종말 때에 하느님의 세력과 맞서 싸운 짐승과 거짓 예언자에 대한 심판이 이루어졌다면, 이제 그 주동 세력에 대한 심판이 나옵니다.

지하에 대한 권한을 가진 한 천사가 하늘에서 내려옵니다(9,1 참조). 이 천사의 역할은 악의 세력이 더는 뻗어 나가지 못하게 가두는 것입니다. 묵시록은 악의 세력을 용으로, 그리고 악마이며 사탄으로 소개하고 더 나아가 "그 옛날의 뱀"(20,2)이라고 표현합니다. 이 표현은 이미 12,9에서도 사용되었습니다. 묵시록 저자는 악의 세력을 창세기에 나오는 인간의 죄와 연결합니다. 하와와 아담이 죄를 짓도록 유혹한 뱀을 악의 세력이라고 말합니다. 결국 세상이 시작될 때부터 인간을 죄짓게 한 악의 세력은 종말의 때에 비로소 심판을 받습니다. 창조에서부터 시작된 하느님의 구원 계획이 종말을 통해 완성에 이르는 것처럼 악의 세력에 대한 심판 역시 그렇습니다.

악의 세력은 더는 사람들을 속이지 못하도록 천 년 동안 갇혀 있습니다. 이와 함께 종말 이전에 "예수님에 대한 증언과 하느님의 말씀 때문에 목이 잘린 이들"(20,4), 곧 순교한 이들은 부활하여 그리스도와 함께 천 년 동안 다스릴 것입니다. 이것이 첫 번째 부활입니다. 이 부활은 믿음 대문에 죽임을 당한 이들에게만 해당됩니다. 이것이 천 년 통치입니다. 하느님의 뜻을 따라 살았던 다른 신앙인들은 천 년에 걸친 이 통치 이후에 살아나 새롭게 창조된 세상에서 영원히 살 것입니다.

종말 – 천 년의 통치 – 마지막 심판

요한 묵시록에서 보여 주는 종말과 천 년 통치, 그리고 새로운 창조로 이어지는 내용은 종말과 그 이후에 벌어지는 일들에 대한 예언처럼 보이지는 않습니다. 달리 말해 이 환시의 목적은 종말 후에 반드시 이런 모습으로 사건이 진행된다는 것을 강조하는 데 있지 않습니다. 학자들은 천 년 통치로 표현되는 중간 시기가 유다인들이 갖고 있던 기다림을 나타낸다고 이해합니다.

구원과 관련된 유다인들의 기다림은 두 방향으로 발전합니다. 하나는 임금으로서의 메시아에 대한 기다림입니다. 유다인들에게는 다윗 임금과 같은 메시아가 나타나 흩어진 이스라엘의 민족을 하나로 모으고 그들을 영원히 다스릴 것이라는 기대가 있었습니다. 이것을 '민족적 종말론'이라고 부릅니다. 다른 하나는 새로운 세상에 대한 기다림입니다. 유다인들은 악으로 가득 찬 이 세상이 결국엔 끝장날 것이고 마침내 하느님께서 새로운 세상을 만드실 것으로 생각했습니다. 이러한 종말의 때에 하느님의 심판이 있을 것이며 이 심판을 통해 하느님은 의로운 이들을 선택하여 새로운 세상에서 살게 하실 것이라고 기대하였습니다. 이것을 '보편적 종말론'이라고 합니다.

요한 묵시록이 보여 주는 환시에는 이 두 가지 기다림이 모두 담겨 있습니다. 전체적인 종말에 대한 환시는 보편적 종말론과 비슷하고 천 년 통치에 대한 환시는 유다인들의 민족적 종말론과 연관됩니다. 종말 이후에 나타나는 중간 시기는 메시아와 순교한 이들이 함께 다스릴 것이라는 유다인들의 기대에 부합합니다. 이 통치 기간이 지나면 사탄은 다시 풀려나고 심판을 받습니다. 이 기간 이후에 악의 세력은 "영원무궁토록 밤낮으로 고통을 받을 것입니다"(20,10).

20,11-15에서는 마지막 심판을 묘사합니다. 사람들은 생명의 책에 기록된 대로, 자신들의 행실에 따라 심판을 받습니다(3,5 참조). 이때 선택받지 못한 이들은 죽음 이후에 다시 벌을 받습니다. 이것을 묵시록은 '두 번째 죽음'이라고 표현합니다. 이제 그들에게 더 이상 가능성은 없습니다. 새로운 세상에 참여하여 영원히 하느님과 함께 사는 것도 기대할 수 없는 상태입니다. 이러한 면에서 요한 묵시록에서 말하는 두 번째 죽음은 하느님과의 영원한 단절을 의미하는 것처럼 보입니다.

반드시 성취될 하느님의 구원 약속

'종말 – 천 년의 통치 – 마지막 심판'으로 이어지는 요한 묵시록의 환시는 지금 교회에서 말하는 종말에 대한 가르침과는 차이가 있습니다. 우리가 알고 있는 교의와 비교해 본다면 천 년 통치가 없는 것이 오히려 도움이 됩니다. 요한 묵시록은 종말에 대한 가르침을 전해 주는 책이 아닙니다. 많은 사람이 종말과 그 이후가 어떤 모습일지 궁금해합니다. 그래서 마치 요한 묵시록이 묘사하는 환시 내용이 종말 이후의 세상을 알려 주는 것처럼 생각하기도 합니다. 하지만 요한 묵시록이 강조하는 것은 종말의 구체적인 모습이기보다 하느님 약속의 성취입니다. 하느님을 충실히 따르던 신앙인들은 죽음을 넘어서 영원한 생명이라는 상을 얻을 것이고, 악의 세력과 그에 동조한 이들은 죽음과 함께 영원한 벌을 받을 것입니다. 이것이 하느님 약속이 성취되는 것입니다.

종말 이후의 환시 내용은 일곱 교회에 보낸 편지에 나오는 승리한 이들에게 주어질 상을 생각하게 합니다. 종말 이후의 환시에서 이러한 약속과 성취의 모습을 어렵지 않게 찾아볼 수 있습니다. 요한 묵시록의 환시에서 보이는 것처럼 하느님의 약속은 반드시 이루어질 것입니다.

22

새 창조와 새 예루살렘(21,1-21,27)

"나는 또 새 하늘과 새 땅을 보았습니다. 첫 번째 하늘과 첫 번째 땅은 사라지고 바다도 더 이상 없었습니다"(21,1). 이 구절과 함께 요한 묵시록은 새로운 세상에 대한 환시를 시작합니다. "새 하늘과 새 땅"(이사 65,17; 66,22; 2베드 3,13)이라는 표현과 '첫 번째 하늘과 땅은 사라지고 바다도 더 이상 없다'는 표현은 새로운 창조를 직접적으로 나타냅니다. 특히 고대사회에서 바다는 악의 세력이 머무는 장소인데, 그 바다가 더 이상 없다는 것은 악의 세력이 더 이상 영향을 미치지 못하는 새롭고 완전한 세상이 왔다는 의미로 볼 수 있습니다.

새로운 창조

새로운 창조는 크게 두 부분, '새로운 창조에 대한 선포'와 '새로운 예루살렘에 대한 구체적인 묘사'로 나뉩니다. 가장 먼저 새로운 창조를 통해 강조되는 새로운 관계가 선포됩니다. "보라, 이제 하느님의 거처는 사람들 가운데에 있다. 하느님께서 사람들과 함께 거처하시고 그들은 하느님의 백성이 될 것이다. 하느님 친히 그들의 하느님으로서 그들과 함께 계시고 그들의 눈에서 모든 눈물을 닦아 주실 것이다. 다시는 죽음이 없고 다시는 슬픔도 울부짖음도 괴로움도 없을 것이다. 이전 것들이 사라져 버렸기 때문이다"(21,3-4).

새로운 창조의 핵심은 하느님의 거처가 사람들 안에 있고, 그 안에 하느님께서 함께 머무신다는 것입니다. 이는 새 하늘, 새 땅이라는 물질적인 새로운 세상을 넘어 하느님과 사람들 사이에 시작되는 새로운 관계입니다. 요한 묵시록이 계속 예언했던 것처럼 악의 세력에 맞서 승리한 이들이 바로 이 새로운 관계의 주체입니다. "다 이루어졌다. 나는 알파이며 오메가이고 시작이며 마침이다. 나는 목마른 사람에게 생명의 샘에서 솟는 물을 거저 주겠다. 승리하는 사람은 이것들을 받을 것이며, 나는 그의 하느님이 되고 그는 나의 아들이 될 것이다"(21,6-7). 새로운 창조와 새로운 관계는 새로운 계약을 통해 이루어집니다. 구약성경에 나오는 '나는 그들의 하느님이 되고 그들은 나의 백성이 될 것이다'는 전형적인 계약 문구입니다. 요한 묵시록에서 이 계약은 하느님과 백성의 관계를 넘어서 하느님과 아들의 관계가 됩니다. 반면에 그렇지 못한 이들, 곧 악의 세력에 동조한 이들은 두 번째 죽음을 맞습니다(2,11 참조). 이것은 영원한 죽음을 의미합니다.

새로운 예루살렘

21,9부터는 새로운 예루살렘에 대한 환시를 전합니다. 새 예루살렘은 '어린양의 신부'로 소개됩니다. 하느님의 도성인 예루살렘은 신부의 이미지로, 그리고 어린양인 그리스도는 신랑의 이미지로 나타납니다. 이 혼인 관계가 의미하는 것은 새

로운 계약입니다. 어린양의 혼인 잔치에서의 약속은 이렇게 이루어집니다(19,5-10).

새로운 예루살렘에 대한 환시는 마치 저자가 천천히 도시를 향해 걸어 들어가는 것처럼 묘사됩니다. 그렇기에 외형을 먼저 보여 준 후 내부의 모습을 전해 줍니다. 새 예루살렘은 "하느님의 영광"으로 빛나고 있습니다(21,11). 그리고 이 도성에는 크고 높은 성벽과 열두 성문이 있습니다. 열두 성문에는 열두 지파의 이름이 적혀 있고, 성벽은 열두 사도의 이름이 기록된 열두 초석 위에 자리합니다. 외형에서 가장 두드러지는 것은 '열둘'이라는 숫자입니다. 성문을 지키는 열두 천사, 열두 사도의 이름 위에 세워진 성벽, 열두 지파의 이름이 새겨진 열두 성문. 이것은 모두 구약과 신약에서 하느님의 백성을 나타내는 상징입니다. 또한 구약과 신약의 모든 약속과 예언이 이 새로운 도성을 통해 성취되었음을 의미하기도 합니다. 여기서 우리는 12라는 숫자와 관계된 표현인 144,000명을 생각해 볼 수 있습니다.

외형 묘사 이후에 요한 묵시록 저자는 도성의 크기를 이야기합니다. 이 도성은 길이와 너비와 높이가 모두 12,000스타디온인 정육면체입니다. 이것 역시 상징적인 의미를 갖습니다. 고대사회에서 정육면체는 가장 완전한 도형으로 여겨졌고, 솔로몬 성전의 성소 역시 이러한 모습이었다고 전해집니다(1열왕 6,20). 이 도성의 모습이 실제로 네모 반듯한 정육면체였다기보다 이 도성의 완전함을 나타내는 상징으로 이해할 수 있습니다. 또한 이 성벽의 두께는 144페키스입니다. 도성의 크기나 성벽의 두께 역시 모두 12라는 숫자로 이루어져 있습니다. 실제 길이를 계산해 본다면 12,000스타디온은 약 2,400킬로미터 정도이고, 144페키스는 70미터 정도입니다. 이러한 크기와 성벽의 두께는 하느님 도성의 완전함을 의미하며, 그 안에 머무는 이들이 하느님의 완전한 보호 아래 있음을 뜻합니다. 게다가 이 도성은 열두 보석으로 꾸며져 있습니다. 이보다 더 아름다울 수 없는 모습입니다.

요한 묵시록의 특이한 표현 중 하나는 성전에 관한 것입니다. "나는 그곳에서 성전을 보지 못하였습니다"(21,22). 유다인들이 가장 중요하게 생각했던 성전이 없었다는 표현은 당시 그리스도인들이 지닌 성전에 대한 독특한 이해에서 나왔습니다. 그들에게 성전은 특정 장소에 있는 건물이 아니었습니다. 그리스도인들은 하느님과 그리스도께서 몸소 성전이 되시어 신앙인들과 함께 머무신다고 생각했습니다. 지금 우리가 이해하는 하느님에 대한 생각과 크게 다르지 않습니다. 그리고 하느님의 영광이 첫 창조 때의 해와 달처럼 도성 전체를, 신앙인들 모두를 비추고 있습니다. 그렇기에 이 도성에는 밤이 없습니다. 하느님의 영광은 변하거나 사라지지 않기 때문입니다.

이 도성을 차지하는 이들은 어린양의 생명의 책에 기록된 사람들입니다. 생명의 책에 기록된 이들, 박해 속에서도 하느님의 말씀을 지킨 이들, 거짓된 가르침을 따르지 않고 자신들의 신앙을 간직한 이들이 바로 요한 묵시록에서 말하는 승리하는 이들입니다. 새 예루살렘에 대한 환시는 이들에게 주어지는, 하느님과 어린양과 함께 머무는 완전한 상태를 이야기합니다.

23

생명수의 강 (22,1-5)

새 예루살렘에 대한 환시에서 절정은 생명수와 관련된 22,1-5입니다. 이미 보았던 것처럼 새 예루살렘에 대한 환시는 외부에서 내부로 향하며 묘사가 이루어집니다. 그리고 그 끝에 있는 생명수에 관한 환시는 새 도성의 중심부에 대한 묘사로 의미상 가장 중요합니다. 생명수의 강은 "하느님과 어린양의 어좌에서 나와, 도성의 거리 한가운데를 흐르고 있었습니다"(22,1ㄴ-2ㄱ).

생명수

생명수는 거룩한 도성의 특징을 가장 잘 나타냅니다. 말 자체에서도 드러나듯이 하느님과 어린양에서 나오는 생명은 이 도성을 감싸고 있습니다. '도성'이 '믿는 이들'을 가리키는 것이라면, 도성을 흐르고 있는 '생명수'는 '신앙인들에게 지속적으로 생명을 주는 원동력'입니다. 하느님과 그리스도로부터 오는 생명은 이제 신앙인들을 살게 하는 힘이 됩니다.

또한 이 생명수가 흐르는 강의 양옆에는 생명 나무가 있어 매달 열매를 냅니다(2,7 참조). 이렇게 열두 번 열매를 맺는 생명 나무 역시 생명수와 크게 다르지 않습니다. 이러한 묘사는 새 예루살렘을 세상 창조 때의 낙원과 연결시키는 것처럼 보입니다.

이러한 새 도성에서 신앙인들은 "그분의 얼굴을 볼 것입니다"(22,4). 구원된 이들은 더는 구약시대의 전통적인 생각대로 하느님을 마주하지 못하거나 그분의 이름을 부를 수 없는 것이 아니라, 그분과 얼굴을 마주하고 그분의 이름이 모든 이에게 명시적으로 알려질 것입니다(3,12 참조). 여기서 우리는 바오로 사도의 말씀을 생각해 볼 수 있습니다. "우리가 지금은 거울에 비친 모습처럼 어렴풋이 보지만 그때에는 얼굴과 얼굴을 마주 볼 것입니다. 내가 지금은 부분적으로 알지만 그때에는 하느님께서 나를 온전히 아시듯 나도 온전히 알게 될 것입니다"(1코린 13,12).

24

맺음말(22,6-21)

요한 묵시록의 마지막인 맺음말에서는 새로운 내용을 전하기보다 지금까지 보여 준 계시의 내용이 참되다는 사실을 강조합니다. 이미 새로운 창조와 새 예루살렘의 환시를 통해 일곱 교회에 보낸 약속들은 모두 성취된 것으로 말합니다. 에페소 신자들에게 주어진 생명 나무에 대한 약속은 22,2에서, 스미르나 교회에 보낸 두 번째 죽음의 화를 입지 않을 것이라는 약속은 21,8에서, 페르가몬에 주어진 아무도 모르는 새 이름에 대한 약속은 22,4에서, 티아티라 교회에 약속된 쇠 지팡이로 다스릴 것이라는 약속은 천 년 통치에 관한 내용에서, 사르디스 교회에 보낸 생명의 책에서 지우지 않겠다는 약속은 21,27에서, 필라델피아에게 말씀하신 하느님과 함께 머물게 하겠다는 약속은 새 예루살렘의 환시를 통해, 라오디케이아에 약속한 어좌는 하느님의 어좌가 사람들의 거처 안에 있다는 말씀을 통해(21,3) 이루어집니다.

그렇기에 맺음말에서 저자가 강조하는 것은 계시의 내용이 참되다는 사실입니다. 이미 요한 묵시록은 시작에서 이 내용이 그리스도를 통한 하느님의 계시라는 점을 강조한 바 있습니다(1,1). 이제 마지막에서도 저자는 이 책에 담긴 모든 내용이 하느님에게서 기원한다는 사실을 강조합니다. "이 말씀은 확실하고 참된 말씀이다. 주님, 곧 예언자들에게 영을 내려 주시는 하느님께서 머지않아 반드시 일어날 일들을 당신 종들에게 보여 주시려고 당신 천사를 보내신 것이다"(22,6).

맺음말은 시작과 비슷합니다. 참된 하느님의 말씀이 실현될 때가 머지않았고 약속된 모든 것이 말씀대로 이루어질 것임을 강조합니다. 천사를 통해 전해지는 마지막 담화는 불의한 이들에게 회개를 촉구하고, 의로운 이들에게는 믿음을 통해 그 의로움을 계속 지켜 갈 것을 권고합니다(22,10-11). 그리고 이 모든 말씀은 "내가 곧 간다"(22,7.12)는 표현과 맞물려 있습니다. 여기서도 역시 지금 겪고 있는 박해 상황이 길게 이어지지 않을 것임을 강조합니다. 하느님의 말씀은 반드시 이루어진다는 것, 그리고 이제 그때가 다가왔다는 것, 이 두 가지 강조점은 요한 묵시록이 환난 중에 있는 신앙인들에게 어떤 역할을 하는지를 잘 보여 줍니다.

그리스도의 재림은 심판을 가져옵니다. 요한 묵시록은 악에 대한 심판과 벌을 강조하지만 그것보다는 신앙을 간직한 이들에게 주어지는 상을 더 강조합니다(22,12). 의로움과 거룩함을 지닌 이들은 이미 보여 준 새 예루살렘의 환시에서 표명되듯이, 하느님과 그리스도와 함께 영원히 살 것입니다.

요한 묵시록 마지막에 언급된 '무엇도 보태거나 뺄 수 없다'(22,18-19 참조)는 내용은 구약성경(신명 4,2; 13,1)에도 나오는 것으로, 하느님의 말씀과 계시를 전하는 전통적인 형식이라고 할 수 있습니다. 이러한 형식은 지금까지 전한 본문의 내용이 하느님에게서 나왔고, 그 안에 담긴 경고와 권고의 말씀들이 축소되거나 조작될 수 없다는 사실을 강조합니다. 하느님의 말씀은 모두 이루어질 것이기 때문입니다.

마지막으로 요한 묵시록은 1장의 시작과 비슷한 형식으로 환시를 마칩니다. "'그렇다, 내가 곧 간다.' 아멘. 오십시오, 주 예수님!"(22,20)은 1,7을 떠올리게 합니다. "보십시오, 그분께서 구름을 타고 오십니다. … 꼭 그렇게 될 것입니다. 아멘." 이 부분은 전례에서 사용되던 화답(송)의 형태를 지니고 있습니다. 상당히 긴 환시를 담고 있는 요한 묵시록이지만 그 끝은 신앙인들의 화답으로 마무리됩니다. 또한, 처음과 마찬가지로 이 책의 마지막은 편지에서 주로 사용되던 "주 예수님의 은총이 모든 사람과 함께하기를 빕니다"(22,21)라는 표현으로 끝납니다. 요한 묵시록의 처음과 마지막이 보여 주는 특별한 점은 하느님의 말씀과 계시에 대해 이 내용을 듣고 읽은 신앙인들이 화답한다는 것입니다.

요한 묵시록

위로와
희망의 책

요한 묵시록은 다양한 상징으로 채색된 환시를 주요 내용으로 삼습니다. 그러므로 상징들을 어떻게 해석하느냐에 따라 의미가 달라집니다. 실제로 과거에는 요한 묵시록에 대한 해석이 그릇된 방향으로 발전한 적도 있었고, 지금까지도 그 영향을 찾아볼 수 있습니다. 요한 묵시록을 제대로 이해하기 위해 피해야 할 해석들이 있습니다. 그중에 몇 가지를 여기에 소개합니다.

천문학이나 점성술에 따른 해석

요한 묵시록의 내용을 천문학이나 점성술에 따라 해석하려는 경향은 항상 있어 왔습니다. 이러한 경향은 단지 요한 묵시록에만 국한되지 않고 성경에 나오는 다른 상징들에도 적용됩니다. 이러한 해석을 지지하는 이들은 별자리를 바탕으로 여러 상징을 해석하려고 합니다.

특히 성경에서 중심적인 상징으로 사용되는 '열둘'(이스라엘의 지파나 예수님의 제자들)은 열두 개의 별자리와 비교되고, 예수님의 열두 제자는 각 별자리를 대표하는 상징으로 해석됩니다. 예를 들어, 4,2-8에 묘사된 하느님의 어좌(4,2)와 그 어좌 둘레에 있는 스물네 명의 원로(4,4), 그리고 어좌 한가운데와 그 주위에 있는 네 생물(4,6)은 모두 별자리를 나타내는 것으로 봅니다. 이러한 설명에 따르면 요한 묵시록에 사용된 숫자 역시 별자리의 주기를 나타내는 것으로 해석할 수 있습니다.

역사에 대한 예언으로 보는 해석

요한 묵시록의 내용을 역사나 세계사에 대한 실제적이고 구체적인 예언으로 보려는 경향이 '역사에 대한 예언으로 보는 해석'입니다. 가장 먼저 사람들의 주목을 받은 것은 천 년 통치에 등장하는 '천千'이라는 숫자입니다. 숫자 '천'을 나타내는 그리스어에서 이름을 따온 킬리아즘(chiliasm)은 라틴어 표현인 밀레니엄(millennium)으로 옮겨져 널리 사용되고 있습니다. 2000년을 맞이할 때 세계에서 보였던 세기말에 대한 여러 이야기도 이러한 해석과 연관이 있어 보입니다. 이러한 해석은 천 년이 지나면 종말이 올 것이라는 생각과 함께 요한 묵시록을 실제 역사에 적용하여 이해하고자 합니다. 하지만 이러한 해석은 이미 교회에서 아우구스티누스나 다른 여러 교부에 의해 거부되었습니다.

이와 비슷하면서도 또 다른 해석은 요한 묵시록의 여러 상징이 사회·정치 또는 교회의 역사에서 일어나는 사건들을 나타낸다고 보는 것입니다. 세계사의 굵직한 사건들이 마치 노스트라다무스의 예언처럼 요한 묵시록에 담겨 있다고 해석하는 경향입니다. 이러한 해석은 18세기까지 상당히 자주 대두되었지만 그 이후 성경을 연구하는 사람들 사이에서 크게 인정받지 못하고 점차 사라지게 됩니다.

하지만 현재에도 시한부 종말론이나 일부 사이비 종교들에서 이러한 해석을 발견할 수 있습니다. 주로 미국의 보수적인 개신교에서 이러한 해석이 여전히 힘을 얻고 있으며, 우리나라에서도 일부 신흥 종교들에서 그 흔적을 찾을 수 있습니다. 때로는 이러한 해석들이 가톨릭교회를 반대하는 근거로 이용되기도 합니다. 이와 같은 해석의 바탕에는 상징을 자의적으로 해석하려는 경향이 자리하고 있습니다.

요한 묵시록을 역사에 대한 실제적인 예언으로 보는 경향은 지나간 역사에 대한 해석이든 아니면 앞으로 오게 될 미래에 대한 해석이든, 요한 묵시록이 전하는 내용과는 많은 차이가 있는 것이 사실입니다. 요한 묵시록에 대한 그릇된 해석들은 과거에 또는 지금까지도 다른 사람들은 알지 못하는 감추어진 예언을 풀이하는 것처럼 보이기도 합니다. 사실 혼자서 요한 묵시록을 읽으면서 책의 내용을 제대로, 바르게 이해하기란 쉽지 않은 일이기 때문입니다.

__요한 묵시록은 당시의 박해로 고통받은 신앙인들에게 위로와 희망을 줄 목적으로 기록된 책입니다.__ 그들에게 가장 큰 위로와 희망은 주님께서 이 모든 것을 끝내기 위해, 구원을 위해 오시리라는 것이었습니다. 이러한 배경에서 기록된 요한 묵시록은 지금 우리에게도, 현대를 살아가는 신앙인들에게도 위로와 희망을 주는 책입니다. 이와 같은 책의 본래 목적에서 벗어난 해석들은 경계할 필요가 있습니다. 구원받을 이들의 수효는 이미 정해져 있고, 거기에 들지 못하는 이들은 무서운 심판을 받게 될 것이라고 강조하거나, 상징적인 표현이 현재의 구체적인 인물을 지시한다고 해석하는 것은 요한 묵시록이 전하는 내용과 거리가 멉니다. 이러한 해석들이 명쾌하게 들릴지는 모르겠지만 바른 해석이라고 말할 수는 없습니다.

복음서 말씀처럼 종말이 언제 올지 아무도 알 수 없습니다. 누군가 그것을 예견할 수 있다면 그것은 종말이 아닙니다. 종말을 가장 잘 준비하는 방법은 그것이 언제 올지 그때를 찾는 것이 아니라 지금 내가 어떻게 살아가고 있는지를 살펴보는 것입니다. 오늘 내가 신앙인으로서 충실히 산다면, 비록 어려움 속에 있을지라도 하느님의 말씀에 희망을 두고 위로를 얻으며 살아가고 있다면, 종말이 언제 오더라도 두려워하거나 걱정할 필요는 없을 것입니다. 요한 묵시록 역시 – 종말을 배경으로 삼고 있기는 하지만 – 오늘을, 지금의 삶을, 신앙인으로서 충실히 살아갈 것을 강조하는 책입니다.

"목마른 사람은 오너라.
원하는 사람은 생명수를 거저 받아라"(22,17).

요한 묵시록 바르게 읽기

서울대교구 인가: 2018년 4월 13일
초판 1쇄 펴낸날: 2018년 9월 10일
5쇄 펴낸날: 2023년 3월 31일
지은이: 허규
펴낸이: 나현오
펴낸곳: 성서와함께
06910 서울특별시 동작구 흑석로13길 7
Tel: (02) 822-0125~7/ Fax: (02) 822-0128
http://www.withbible.com
e-mail: order@withbible.com
등록번호 14-44(1987년 11월 25일)

ⓒ 2018 허규
성경 ⓒ 한국천주교중앙협의회

ISBN 978-89-7635-333-7   93230

* 이 책에 실린 내용은 펴낸이의 허가 없이 전재 및 복제할 수 없습니다.